Gillian Kemp

Das kleine
Buch
der Magie

mvgverlag

Für meinen Vater Mike, meine Mutter Ruth im Geiste,

meine Geschwister Lynette und Alison, meinen Bruder Nigel,

meine getreue Yorkshire-Terrier-Hündin Daisy May und

ihre Patin Katie Boyle.

Ferner für meine Verlegerin Faith und den Menschen, den ich liebe.

Außerdem möchte ich mich an dieser Stelle bei Peter Ingram vom

Romany Folklore Museum bedanken.

Inhalt

Über die Roma

Die Azteken, Homers Griechen, das England König Arthurs und zahlreiche weitere alte Kulturen sind schon längst verschwunden. Aber die Roma haben überlebt und liefern uns auf wunderbare Weise eine konkrete Verbindung zu den Wurzeln der Zivilisation.

Als einstige Nomaden entstammen sie der Hindukusch-Region von Kaschmir und Afghanistan. Vor über einem Jahrtausend begannen sie ihre Wanderung, auf der sie vor sechshundert Jahren Westeuropa erreichten. Sofort riefen sie Erstaunen, Hass und Kontroversen hervor, und das ist bis auf den heutigen Tag so geblieben. Sie brachten die Traditionen und Dialekte entlegener Kulturen mit und wurden als kunstvolle Geschichtenerzähler, Musiker und Wahrsager bekannt. Sie waren talentierte und begeisterte Anwender der Handlesekunst und des Weissagens mit Kristallen und anderen Hilfsmitteln einschließlich der Tarotkarten, die sie ihren Aussagen zufolge 1427 in Europa eingeführt haben.

In der viktorianischen Ära begannen sie, mit prächtig geschmückten Pferdewohnwagen umherzuziehen, den *vardos*, welche die öffentliche Fantasie anregten und unzählige Gemälde, Gedichte, Romane und Kindergeschichten entstehen ließen. Obwohl die Roma hochgradig verklärt wurden, begegnete man ihnen allgemein stets mit Misstrauen und verfolgte sie wegen ihrer Lebensart. Schließlich integrierten sie das Christentum in ihre kulturellen Traditionen und wurden durch die Annahme von Namen, die nicht ihrer Tradition entsprachen, weniger auffällig. Viele von ihnen wurden zu geschickten Klempnern, Kupferschmieden und Hufschmieden.

Auf den Britischen Inseln ist die Gesellschaft bis heute von Fahrenden in ihrer Mitte irritiert. Sind sie tatsächlich eine einzigartige Ethnie von Heilern und Wahrsagern? Wie auch immer: Die Roma bleiben von dem Rest von uns abgesondert. Sie zeigen sich gleichgültig gegenüber unserer elektronischen Kultur und halten, so gut sie können, an ihren althergebrachten Bräuchen, ihren Hochzeitsritualen und ihrer Sprache fest.

Trotz Phasen brutaler Verfolgung einschließlich der Vernichtung von einer halben Million Roma vor und während des Zweiten Weltkriegs sind nach wie vor überall in Europa und im Gebiet der früheren Sowjetunion Roma-Gemeinschaften zu finden. Aber in Großbritannien trifft man heute auf keine Roma-Familien mehr, die in Pferdewagen durchs Land ziehen. Das ländliche Leben ist dadurch erheblich ärmer geworden, weil Roma sehr erdverbunden sind. Durch ihr Nomadenleben haben sie länger am Puls der Natur gelebt als alle anderen, und sie gehören zu den letzten freien Geistern auf dieser Erde.

Ein paar Ratschläge für Amateurhexen

Die faszinierende Sammlung von Zaubersprüchen und Zauberritualen in diesem Buch entstammt einem großen Vorrat an überliefertem magischem Wissen der Roma, die sich hervorragend auf das Wahrsagen und die Anwendung magischer Künste verstehen. Die unter den Roma geläufigen Zaubertechniken zum Beschwören von Gesundheit und Reichtum, Liebe und Glück sind ein Schatzkästlein für alle, die daran glauben.

All diese Zauberrituale sind einfach und leicht durchzuführen. Es werden dafür alltägliche Gegenstände verwendet, beispielsweise eine Schnur, Münzen, Papier oder Kerzen. Selbst die exotischeren Hilfsmittel wie Tarotkarten, Quarzkristalle oder bestimmte Kräuter und Öle (etwa Rosmarin, Zitrone oder Sandelholz) lassen sich durch ihre inzwischen weitgehende Verfügbarkeit meist problemlos integrieren.

Denken Sie an einen Rat der Roma, wenn Sie diese Zauber wirken: Indem Sie Ihre Energien nach dem Mondzyklus ausrichten und sich die natürlichen Gezeiten und Läufe des Lebens zunutze machen, erhöhen Sie die Wirksamkeit und die Kraft Ihres Zaubers. Weil der Mond den Gezeitenwechsel bestimmt und unsere Körper zum Großteil aus Wasser bestehen, nehmen wir mit dem Mond zu und ab. Generell ist unsere übersinnliche Energie bei zunehmendem Mond am größten und bei abnehmendem Mond am geringsten.

Richten Sie sich, wenn Sie einen Zauber wirken, um jemanden oder etwas in Ihr Leben zu ziehen, auf den natürlichen Fluss der Dinge aus, indem Sie bei zunehmendem Mond in Aktion treten, also dann, wenn der Mond vom Neumond zum Vollmond wird. Der Neumond ist drei Tage lang dunkel, bevor er als Mondsichel erscheint, und Sie sollten mit dem Wirken von einem Neumondzauber warten, bis Sie die Sichel des zunehmenden Mondes sehen können. Wenn Sie hingegen etwas durch einen Zauber verbannen wollen, um Negatives und ungute Situationen zu beseitigen, sollten Sie das bei abnehmendem Mond tun.

Machen Sie sich bewusst, dass der wichtigste Bestandteil jedes Zaubers Liebe ist. Gedanken und Gebete sind sehr machtvoll, und es ist der Glaube, der die Wirkkraft der Magie ausmacht. Jeder Zauber, den Sie wirken, sollte aus Ihrem Herzen kommen, und Sie sollten Ihre Gedanken gleich einem Pfeil auf Ihr angestrebtes Ziel richten.

Viele der in diesem Buch enthaltenen Zauberrituale werden durch Kerzenlicht verstärkt. Diese Praxis hat ihren Ursprung in der Anbetung des Feuers. Die Roma schützen ihr Feuer sorgfältig vor Wind und Regen. Sie tun dies nicht nur aus praktischen Gründen, um etwas zu kochen und sich zu wärmen, sondern vor allem auch, weil das Feuer sowohl ein Mittel zur Reinigung als auch ein zerstörerischer Dämon sein kann.

Die zusammen mit den hier beschriebenen Zaubertechniken eingesetzten Mineralien, Kräuter, Blumen und Öle beschwören auch Naturkräfte herauf und bilden eine spezielle Verbindung vom Himmel zur Erde. Ihre feinen Schwingungen erzeugen eine Wirkung.

Ein paar Zauberverfahren erfordern eine Kristallkugel. Sie können stattdessen aber auch ein Vergrößerungsglas oder eine mit Wasser gefüllte Schüssel aus Glas oder Metall verwenden. Wenn Sie Glück haben, finden Sie vielleicht in einem Antiquitätengeschäft hohle, durchsichtige Glasschwimmer, wie sie einst von Tiefseefischern verwendet wurden.

Wahrsagerinnen, die eine Kristallkugel verwenden, empfehlen, die Kugel sauber zu halten. Man kann für die Reinigung zwar problemlos warmes Seifenwasser verwenden, aber eine Lösung aus Weinbrand und Wasser oder einfach fließendes Wasser sind vorzuziehen.

Bei den Roma gilt die Kristallkugel als heiliger Gegenstand, weshalb sie davon abraten, sie aus reiner Neugier einzusetzen. Wenn ihre Energie zu schwinden scheint, sollte man sie drei aufeinanderfolgende Nächte lang dem Licht des zunehmenden Mondes aussetzen und mit der Vollmondnacht abschließen.

Seien Sie nicht enttäuscht, wenn Sie den Eindruck haben, dass Ihr Zauber nicht gefruchtet hat. Möglicherweise lässt Sie nur Ihre Ungeduld zweifeln. Zweifel ist das Gegenteil von Glauben, und die Natur lässt sich nicht hetzen. Zauber wirkt in der Zeit des Geistes. Was geistig ausgesendet wird, hinterlässt eine ätherische Spur, die dem Zauber-spruch eine zusätzliche Kraft verleiht, wenn man ihn wiederholt oder neu formuliert.

Um es erneut zu sagen: Glaube verstärkt bei einem Zauber die Vorstellungskraft und unterstützt das, was man erreichen will. Sowohl Worten als auch Gedanken wohnt eine mächtige Schwingungs-kraft inne. Sie müssen daran glauben, dass das, was Sie sich wünschen, wahr werden wird.

Liebe

Zu den Überlieferungen der Roma gehört ein großes Spektrum an kraftvollen Zaubersprüchen zum Ausführen eines Liebeszaubers. In diesem Band sind altehrwürdige Methoden gesammelt, um einen Liebespartner zu verzaubern, jemanden anzuziehen oder sich auf sanfte Weise von jemandem zu trennen. Je größer Ihre Leidenschaft bei der Anwendung dieser Zaubermethoden ist, desto bessere Ergebnisse erzielen Sie.

Ihr Herzenswunsch

Sie sind jemandem begegnet, den Sie begehren. Nach Aussage der Roma wird der folgende Zauber dafür sorgen, dass der oder die Betreffende auf Sie reagiert.

Besorgen Sie sich als Erstes eine frische Rose und zwei rote Kerzen, und bringen Sie in Erfahrung, wann die Sonne am nächsten Morgen aufgeht. Stellen Sie unmittelbar, bevor Sie schlafen gehen, in eine Glasschale oder in eine Glaslaterne an jede Seite der Rose eine rote Kerze. Nehmen Sie am nächsten Morgen bei Sonnenaufgang die Rose mit nach draußen oder setzen Sie sich an ein offenes, gen Osten zeigendes Fenster, und halten Sie die Rose vor sich. Atmen Sie ihren Duft ein, und sagen Sie laut:

Diese rote Rose für meine wahre Liebe ist. Wahre Liebe, komm zu mir, damit du mich nie vergisst.

Gehen Sie jetzt wieder nach drinnen, und stellen Sie die Rose an ihren vorherigen Platz zurück. Zünden Sie die Kerzen an, und stellen Sie sich vor, wie die Liebe in dem Herzen derjenigen Person brennt, die Sie begehren. Lassen Sie die Kerzen Tag und Nacht brennen, bis die Rose verwelkt. (Wenn die Kerzen vorzeitig gelöscht werden, verliert der Zauberspruch seine Wirkung.) Löschen Sie die Kerzen, nachdem die Rose abgestorben ist, und begraben Sie die Rose.

Wie Sie das Herz des Menschen gewinnen, den Sie lieben

Schreiben Sie den Namen der von Ihnen geliebten Person auf den Boden einer Zwiebelknolle. Pflanzen Sie sie in die Erde eines neuen Blumentopfes. Stellen Sie den Topf auf ein Fensterbrett, am besten auf eines, das dorthin zeigt, wo die geliebte Person wohnt.

Sprechen Sie immer wieder morgens und abends über der Zwiebel den Namen der von Ihnen begehrten Person aus, bis die Knolle Wurzeln schlägt, austreibt und schließlich erblüht. Sprechen Sie täglich folgenden Zauberspruch:

Mögen ihre Wurzeln wachsen,
mögen ihre Blätter wachsen,
mögen ihre Blüten wachsen.
Und wenn das geschieht, wächst
[Name der betreffenden Person]s Liebe.

Liebeszauber

Rosmarin symbolisiert Erinnerung. Diese Pflanze ist ein Sonnenanbeter und steht laut Aussage der Roma für Menschen, die im Sternzeichen Widder geboren wurden. Daher ist der folgende Liebeszauber besonders für im Zeichen des Widders Geborene geeignet.

Pflücken Sie im April oder Mai, wenn der Rosmarin sprießt, dünne, biegsame Rosmarinzweige ab, und binden Sie sie zu einer Herzform zusammen. Stellen Sie sich die herbeigesehnte Person vor. Fixieren Sie dann das Rosmarinherz mit einem gelben Band, und wenn Sie irgendwelche Fäden aus der Kleidung oder Haarsträhnen der oder des Betreffenden haben, dann flechten Sie sie mit hinein, um eine stärkere Schwingungsverbindung zu erzeugen. Wenn die herbeigewünschte Person im Zeichen des Widders geboren ist, flechten Sie zusätzlich ein paar Wollfäden mit hinein.

Schieben Sie das Rosmarinherz in einen weißen Umschlag, und legen Sie ihn unter Ihr Kopfkissen. Sprechen Sie vor dem Einschlafen immer wieder folgende Worte:

Göttliche Liebe, segne mich,
wenn ich schlafe ein,
auf dass mein Schatz
für ewig bleibt mein.

Mit der Zeit wird der Rosmarin austrocknen, und seine Lebenskraft wird entschwinden. Wenn Sie den Eindruck haben, dass Ihr Zauberspruch Ihnen den geliebten Menschen näher gebracht hat, verbrennen Sie das Herz in einem Feuer, und denken Sie währenddessen an die Flammen der Leidenschaft.

Einen Partner finden

Schneiden Sie am Neumondtag ein Herz aus einem neuen roten Krepppapier oder einem roten Karton aus. Wenn Sie eine Wildrose haben, verwenden Sie ein abgefallenes herzförmiges Blütenblatt.

Nehmen Sie ein reines weißes Stück Papier, und schreiben Sie mit einem Stift, den bisher noch niemand benutzt hat, folgenden Zauberspruch darauf:

Während dieses rote Herz
im Kerzenlicht erglüht,
zieh ich dich zu mir,
damit unsere Liebe erblüht.

Nehmen Sie nun ein Bad, und ziehen Sie danach Ihre Nachtwäsche an.

Wenn Sie das getan haben, zünden Sie eine rote Kerze an, und lesen Sie laut den Zauberspruch. Halten Sie das Herz vor die Flamme, und lassen Sie das Kerzenlicht daraufscheinen.

Schieben Sie anschließend das Herz und das Blatt mit dem Zauberspruch in einen neuen Umschlag, und versiegeln Sie ihn mit dem Wachs der Kerze. Legen Sie den Umschlag an einen geschützten Ort, und lassen Sie ihn dort einen Mondzyklus lang unangetastet liegen, und zwar achtundzwanzig Tage lang von dem Tag Ihres Zaubers an.

Wenn der neue Mondzyklus beginnt, sollte es eine neue Liebe in Ihrem Leben geben.

Jemanden anziehen, den man liebt

Zünden Sie am Freitagabend eine weiße Gebetskerze an, und stellen Sie sie in eine Glasschale oder in eine Glaslaterne. Malen Sie sich aus, dass die Flamme eine helle Liebesflamme ist, die in dem Herzen Ihrer großen Liebe brennt, und dass die Schale oder die Laterne der Rumpf der geliebten Person ist.

Bringen Sie die Flamme dazu emporzusteigen, während Sie in sie starren. Ihre eigene Leidenschaft wird dies bewirken, und wenn das geschieht, stellen Sie sich vor, dass Ihre Gefühle in die Flamme strömen. Denken Sie in positiver Weise an den geliebten Menschen, und ziehen Sie ihn in die Wärme der Kerzenflamme, während sie aufsteigt und wieder kleiner wird. Sprechen Sie folgenden Spruch:

Diese heiße Flamme soll in deinem Herzen brennen. Von mir wirst du dich niemals trennen.

Lassen Sie die Kerze von selbst abbrennen. Wiederholen Sie den Zauberspruch in den folgenden Nächten, bis Sie die ersehnte Botschaft von Ihrer Liebe erhalten.

Die Anziehungskraft verstärken

Wenn Sie jemanden lieben, aber spüren, dass er oder sie nicht die gleiche Leidenschaft für Sie empfindet, dann versuchen Sie es mit folgendem Zauber: Um die Liebe von jemandem zu gewinnen, benötigen Sie ein paar Haarsträhnen von dieser Person sowie ein nach Rose duftendes Räucherstäbchen oder einen entsprechenden Räucherkegel.

Entzünden Sie Ihr Räucherwerk, sprechen Sie mehrmals den Namen des geliebten Menschen, und sagen Sie dazu, dass Sie sich wünschen, dass er Sie ebenfalls liebt. Halten Sie das Haar auf das brennende Räucherwerk, bis es sich kräuselt und in sich zusammenschnurrt. Malen Sie sich, während das Haar brennt, aus, wie das Desinteresse der betreffenden Person schwindet und durch Leidenschaft ersetzt wird. Lassen Sie das Räuchermittel von selbst vollständig verbrennen.

Alternativ können Sie es auch mit diesem Zauber versuchen: Besorgen Sie sich ein Päckchen mit Samen und einen Topf mit Blumenerde, in dem die

Saat aufgehen und wachsen kann. Außerdem brauchen Sie einen Gegenstand aus Kupfer, der Ihnen gefällt, ein 1-Cent-Stück beispielsweise. Gehen Sie in einer Nacht mit zunehmendem Mond nach draußen, und halten Sie den Kupfergegenstand ins Mondlicht. (Die Roma sagen, dass Kupfer die Liebe anzieht und dass der Magnetismus des Mondes den Menschen, den man liebt, zu einem hinziehen wird.)

Graben Sie den Gegenstand aus Kupfer in die Erde in dem Topf ein, und streuen Sie behutsam die Saat so darüber, dass sie die Anfangsbuchstaben der Person, die Sie lieben, formt.

Während die Saat austreibt, wird die Liebe wachsen. Sorgen Sie also dafür, dass die Samen regelmäßig gewässert werden und der Topf an einem warmen Ort mit genügend Licht steht.

Liebeszauber der Roma

Um bei einem Zauber eine höhere Schwingung zu erzeugen, können Sie ätherische Öle einsetzen. Die folgenden Mischungen werden verwendet, um Kerzen zu weihen oder Gegenstände zu segnen. Sie sind nicht dafür geeignet, auf die Haut aufgetragen oder dem Badewasser hinzugefügt zu werden.

Zum Weihen einer Kerze reiben Sie diese von der Mitte bis zur Kerzenspitze, die als Nordpol interpretiert wird, und wiederum von der Mitte bis zum unteren Ende, das als Südpol betrachtet wird, mit einigen Tropfen des Öls ein. Man glaubt, dass sich die eigenen Schwingungen so auf die Kerze übertragen und dadurch einen Zauber persönlicher und kraftvoller werden lassen.

Magnetisches Liebesöl

- 2 Tropfen Ylang-Ylang-Öl
- 2 Tropfen Sandelholzöl
- 2 Tropfen Muskateller-
  salbeiöl

Reiben Sie, um die Liebe von jemandem zu gewinnen, das magnetische Liebesöl auf eine rosa Kerze. Lassen Sie diese dann jeden Tag drei Stunden lang brennen, bis die betreffende Person einen Vorstoß unternimmt.

Wenn es um eine bereits bestehende Beziehung geht, kann das Zauberritual beendet werden, wenn eine Harmonie aufgebaut oder wiederhergestellt wurde. Wenn Sie niemand Bestimmten im Sinn haben, lassen Sie die Kerze brennen, bis ein möglicher Liebespartner auftaucht.

Die Kerze sollte eher ausgepustet als ausgeblasen werden. Der Grund liegt darin, dass sich ein Geist in der Flamme aufhält, und wenn Sie diese dann kraftvoll ausblasen, wird auch Ihr Gebet oder Wunsch mit hinweggeblasen.

Öl zur Verstärkung einer Liebesbeziehung

- 5 Tropfen Palisanderholzöl
- 5 Tropfen Rosmarinöl
- 3 Tropfen Mandarinenöl
- 3 Tropfen Zitronenöl

Dieses Öl eignet sich dazu, eine bereits bestehende Liebesbeziehung zu intensivieren. Weihen Sie eine Kerze mit dem Öl, und entzünden Sie sie eine halbe Stunde vor dem Eintreffen Ihres Liebespartners.

Ehe-Öl

- 2 Tropfen Weihrauchöl
- 3 Tropfen Zypressenöl
- 2 Tropfen Sandelholzöl

Dieses Öl wird zur Kräftigung von Ehebanden verwendet, unabhängig davon, ob die Verbindung stabil oder in eine Krise geraten ist. Es kann auch angewendet werden, um eine Beziehung in Richtung Ehe zu lenken.

Zünden Sie einfach eine mit Ehe-Öl geweihte rosafarbene oder violette Kerze an, wenn Sie und Ihr Partner zusammen sind.

Öl zum Anfachen von Begierde

- 3 Tropfen Lavendelöl
- 3 Tropfen Orangenöl
- 1 Tropfen Zitronenöl

Von diesem Öl heißt es, dass es einen anderen dazu verlockt, einen zu begehren. Wenn jemand das bereits tut, aber noch ein wenig Ermutigung benötigt, sollten Sie eine weiße Kerze mit dem Öl weihen und sie anzünden, sobald Sie beide zusammen sind. Wenn Sie jemanden lieben, die betreffende Person jedoch keine Resonanz zeigt, sprechen Sie den Namen der Person aus, während Sie die mit dem Öl geweihte Kerze anzünden. Lassen Sie die Kerze dann zwei Stunden lang brennen, bevor Sie sie auspusten. Wiederholen Sie die Prozedur jeden Tag, bis Sie eine positive Reaktion erfahren.

Den Test bestehen

Als sich Olive Rawlings, die letzte Roma-Frau in Großbritannien, die in einem Pferdewagen geboren worden war, in den nicht aus einer Zigeunerfamilie stammenden Dave Cox verliebte, musste dieser jahrhundertealte Brautwerbungsriten und Familientraditionen der Roma befolgen. Bevor Olives Familie 1982 der Eheschließung zustimmte, musste Dave ein Jahr lang mit Olives Familie reisen, um zu zeigen, ob er in der Lage war, sich anzupassen und seinen Lebensunterhalt zu verdienen. Zu seinen Prüfungen gehörte unter anderem das Schnitzen von Klammern aus Haselnussholz, die Fähigkeit, einen Pferdewagen zu bauen, zu lenken und zu reparieren, die Versorgung eines Pferdes und das Reiten auf ihm ohne Sattel. Zum Glück erwies sich Dave als würdiger Ehemann. Er und Olive bekamen zwei Kinder, die in ihrem Wohnwagen als Roma großgezogen wurden.

Einen Liebespartner dazu bringen, sich zu melden

Dieser Zauber eignet sich, wenn Sie mit Ihrem Partner einen Streit hatten und sich wünschen, dass der andere den ersten Schritt zu einer Versöhnung macht. Am besten beginnt man mit dem Zauber bei zunehmendem Mond, aber wenn Sie nicht so lange warten können, wirken Sie Ihren Zauber trotzdem.

Nehmen Sie ein Foto Ihrer geliebten Person sowie ein Foto von Ihnen selbst. Legen Sie die Fotos mit den einander zugekehrten Gesichtern aufeinander, und fixieren Sie sie mit einer Büroklammer oder dergleichen. Die dahinterstehende Absicht ist, dass der oder die Betreffende nichts außer Ihrem Gesicht mehr sehen kann.

Verstauen Sie die Fotos auf den Boden Ihrer Schublade mit Unterwäsche, und lassen Sie sie dort liegen. Die Person, auf die dieser Zauber gerichtet ist, müsste schon sehr bald reagieren. Unvermittelt wird sie anrufen, schreiben oder wieder auftauchen.

Einen Geliebten an
sich binden

Für diesen Zauber benötigen Sie ein Deck Tarotkarten. Legen Sie die große Arkana beiseite – die
zweiundzwanzig Karten mit den Nummern 0 bis
21. Entnehmen Sie der großen Arkana die Karte,
die für das Sternzeichen der Person steht, die Sie
an sich binden wollen. Entnehmen Sie außerdem
die Karte, die Ihr eigenes Sternbild darstellt. (Wenn
Sie beide dasselbe Sternzeichen haben, müssen Sie
eine Kopie von der Karte anfertigen.)

WIDDER

21. März – 19. April

Der Herrscher IV

STIER

20. April – 20. Mai

Der Hierophant V

ZWILLINGE

21. Mai – 20. Juni

Die Liebenden VI

KREBS

21. Juni – 22. Juli

Der Wagen VII

LÖWE

23. Juli – 22. August

Die Kraft VIII

JUNGFRAU

23. August – 22. September

Der Eremit IX

WAAGE

23. September – 22. Oktober

Die Gerechtigkeit XI

SKORPION

23. Oktober – 21. November

Der Tod XIII

SCHÜTZE

22. November – 21. Dezember

Die Mäßigkeit XIV

STEINBOCK

22. Dezember – 19. Januar

Der Teufel XV

Wassermann

20. Januar – 18. Februar

Der Stern XVII

FISCHE

19. Februar – 20. März

Der Mond XVIII

Nehmen Sie einfach ein Haar Ihres Geliebten, beispielsweise von seinem Kamm, und ein Haar von Ihnen selbst. Knoten Sie die Haare mit drei Knoten zusammen. Legen Sie die Haare zwischen die mit der Vorderseite aufeinandergelegten Karten. Die Roma verwenden eine Klammer, die wie eine handgeschnitzte Wäscheklammer aussieht, aber Sie können auch eine Büroklammer benutzen, um die Karten aufeinander zu befestigen.

Bewahren Sie die Karten in Ihrem Portemonnaie, Ihrer Handtasche oder Ihrer Aktentasche auf – oder wo immer sie häufig damit in Berührung kommen. Wenn Sie den Eindruck haben, dass der Zauber gewirkt hat, legen sie die Karten wieder in das Deck zurück und verbrennen die Haare.

Die Liebe herbeilocken

Dieser Zauber kann verwendet werden, um Liebe anzuziehen und einen Liebespartner stärker an sich zu binden. Er sollte in einer Neumondnacht beginnen.

Nehmen Sie einen Salz- und einen Pfefferstreuer, und bestimmen Sie, wer für den Mann und wer für die Frau stehen soll. Nehmen Sie dann ein rosafarbenes Band, und knoten Sie das weibliche Objekt an das eine und das männliche Objekt an das andere Ende, wobei etwa 30 Zentimeter Band zwischen beiden frei bleiben sollten.

Lösen Sie jeden Morgen das Band, schieben Sie die beiden Objekte etwas näher zusammen und knoten Sie sie wieder in das Band ein.

Schließlich berühren sich der Salz- und der Pfefferstreuer. Lassen Sie sie sieben Tage lang zusammengebunden stehen, bevor Sie sie losknoten. Bis dahin sollte eine Liebe in Ihr Leben getreten oder Ihr derzeitiger Partner Ihnen näher gekommen sein.

Es ist ein glückliches Omen für die Liebe, wenn man einen natürlichen Knoten in den Trieben oder Sprossen einer Weide findet. Die Roma glauben, dass Feen solche Knoten binden, und halten sie für kostbare Liebesamulette. Ihnen wird eine so große Wirksamkeit zugeschrieben, dass man sagt, man würde jemanden, den man begehrt, für immer an sich binden, wenn man ihm solch ein Amulett unter das Kopfkissen legt. Wenn man einen derartigen Knoten hingegen löse, werde man sein Glück zerstören.

Jemanden dazu bringen, sich in Sie zu verlieben

Verwenden Sie diesen Zauber, wenn Sie sich in jemanden verliebt haben und wollen, dass die betreffende Person sich nun auch in Sie verliebt.

Zünden Sie an einem Freitag, dem Tag der Venus, eine rosafarbene, eine blaue und eine goldfarbene Kerze an. Legen Sie an die beiden Seiten der Kerzen ein Hufeisen und einen Schlüssel. (Es müssen kein wirkliches Hufeisen und kein wirklicher Schlüssel sein. Sie können sogar Nachbildungen von ihnen verwenden, die man etwa für Kuchendekorationen benutzt.) Der Schlüssel steht für den Schlüssel zu Ihrem Herzen und das Hufeisen für Glück in der Liebe.

Nehmen Sie zwei Rosen, die Sie beide repräsentieren. Wickeln Sie die Blumen, den Schlüssel und das Hufeisen in ein Kleidungsstück ein, das ihrem möglichen Liebespartner gehört. Wenn Sie keines haben, verwenden Sie einen Seidenschal, den Sie selbst getragen haben.

Legen Sie alles in eine Schublade in Ihrem Schlafzimmer, und lassen Sie es dort 14 Tage lang unangetastet liegen. Es ist ein vielversprechendes Zeichen, wenn die Rosen beim Herausnehmen aus dem Schal noch immer recht frisch wirken. Die Blütenblätter sollten in ein Potpourri gelegt oder die Rosen begraben werden. Das Hufeisen und den Schlüssel können Sie als Glücksbringer behalten.

Einen Liebespartner dazu animieren zurückzukehren

Alles, was Sie benötigen, um Ihre Liebe zurückzu-bekommen, sind eine Schachtel mit unbenutzten Stecknadeln, eine Zwiebel und die Sehnsucht nach der Liebe Ihres Partners. Wie auch in allen anderen Fällen werden Sie sich selbst schaden, wenn Ihre Absichten von einem Rachegefühl geprägt sind.

Beginnen Sie damit, an einem Freitagabend eine Stecknadel in die Zwiebel zu drücken. Lassen Sie die Zwiebel im Sonnenlicht liegen, um dadurch das Entstehen einer Erkenntnis heraufzubeschwören. Stellen Sie sich vor, dadurch einen Gedanken in das Bewusstsein Ihres Partners zu schieben, und sagen Sie, während Sie die Stecknadel in die Zwiebel drücken:

Nicht diese Zwiebel will ich stechen,
zu deinem Denken und deinem
Herzen will ich sprechen.
Bei Tag und bei Nacht
sollst du an mich denken,
bis du zu mir kommst, um mir deine
Liebe zu schenken
und zu sagen: »Ich liebe dich.«

Dieser Zauber muss in sieben aufeinanderfolgenden Nächten durchgeführt werden, am besten jeden Abend zur gleichen Zeit. Wenn Sie dann insgesamt sieben Stecknadeln in die Zwiebel gesteckt haben, ist Ihr Zauber vollendet. Pflanzen Sie die Zwiebel nun mit Segnungen für Ihre Liebe im Freien ein.

Den Liebsten zurückgewinnen

Wenn das Interesse Ihres Liebsten abschweift, ist noch nicht alles verloren. Versuchen Sie es mit diesem einfachen Zauber: Warten Sie einen Freitag ab, weil der Freitag der Tag der Göttin Venus ist. Schreiben Sie mit Ihrem Lieblingsstift auf ein sauberes weißes Stück Papier Ihren Vornamen und den Nachnamen Ihres Geliebten. Zeichnen Sie ein Viereck darum. Schließen Sie die Augen, und sagen Sie laut:

Unser Schicksal ist besiegelt.
Wir sind eins.

Schneiden Sie das Viereck aus, und schieben Sie es in Ihr Kopfkissen oder zwischen Ihre liebsten Besitztümer. Ihr Geliebter wird zu Ihnen zurückkommen.

Liebesprophezeiungen

Um den Anfangsbuchstaben des Vor- oder Nachnamens Ihres künftigen Partners vorherzusagen, können Sie folgenden Roma-Zauberspruch verwenden, der aufkam, nachdem sie den christlichen Glauben übernommen hatten.

Schälen Sie vorsichtig einen Apfel in einem Stück, sodass die Schale an keiner Stelle abreißt. Halten Sie die abgeschälte Schale in der rechten Hand, während Sie Folgendes sagen:

Heiliger Simon und heiliger
Judas Thaddäus, euch ich bitte,
nehmt mich für einen Augenblick
in eure Mitte, und lasst mich wissen
durch diese Schale von meinem
Geliebten die Initiale.

Drehen Sie sich dreimal gegen den Uhrzeigersinn, und werfen Sie dann die Schale über Ihre linke Schulter. Es heißt, dass die Schale in Form des Anfangsbuchstabens des Namens des künftigen Liebsten auf den Boden fällt.

- Ein weiterer Brauch besteht darin, die Schale an die Innenseite einer Tür zu hängen. Der Name der ersten Person, die durch diese Tür tritt, soll denselben Anfangsbuchstaben wie der künftige Partner haben.
- Noch eine Möglichkeit, einen Apfel für eine Liebesprophezeiung einzusetzen, ist folgende: Nehmen Sie einen Apfelkern, und geben Sie ihm den Namen der geliebten Person. Legen Sie ihn dann in die Glut eines Feuers. Wenn er laut aufplatzt, liebt die betreffende Person Sie. Wenn er lautlos verbrennt, ist keine wahre Liebe vorhanden.
- Um herauszufinden, ob ein Paar heiraten wird, legen Sie zwei Apfelkerne nebeneinander in die Glut eines Feuers. Wenn beide Kerne in die gleiche Richtung springen, wird eine Hochzeit

stattfinden. Wenn die Kerne in unterschiedliche Richtungen springen, wird auch das Paar unterschiedliche Wege einschlagen. Wenn beide Kerne still verbrennen, wird es nach Aussage der Roma zu keinem Heiratsantrag kommen.

Wenn man ein rotes Band, eine rote Schnur, eine rote Kordel oder rote Wolle findet, so ist das ein Zeichen für Glück in der Liebe. Wenn Sie solch ein Omen finden, heben Sie es auf, und während Sie das tun, äußern Sie einen Wunsch hinsichtlich Ihres Liebsten. Wenn Sie niemand Speziellen im Sinn haben, zeigt das Finden solch eines Zeichens an, dass auf spektakuläre Weise eine neue Liebe auftauchen wird. In jedem Fall sollten Sie es als Liebesamulett aufheben.

Eine Liebesantwort erhalten

Die Zugewandtheit Ihres Partners scheint zu schwinden. Er oder sie ruft nicht wie vereinbart an und scheint sich keine sonderliche Mühe zu geben, Sie zu erfreuen.

Nehmen Sie ein Foto und eine Kugel aus Quarz oder Kristallglas. Notfalls können Sie stattdessen auch ein Vergrößerungsglas verwenden.

Legen Sie die Kugel oder das Vergrößerungsglas auf das Porträt Ihres Partners. Sie werden sehen, dass die Gesichtszüge vergrößert werden. Die Augen und der Mund scheinen sich zu bewegen und lebendig zu werden.

Sagen Sie der Person auf dem Foto jetzt einfach, welche Handlungen Sie sich von ihr wünschen. Nach Aussage der Roma wird der oder die Betreffende die Botschaft empfangen und reagieren.

Sich von einem unerwünschten Partner befreien

Dieser Zauber ist komplizierter als die meisten anderen, aber besonders wirkungsvoll. Auch in diesem Fall wird empfohlen, ihn an einem Freitag auszuführen.

Zünden Sie zunächst eine neue blaue Kerze an. (Blau ist eine Heilfarbe.) Dann läuten Sie dreimal eine kleine Glocke.

Zeichnen Sie auf ein sauberes weißes Blatt Papier einen Kreis, der die Sonne darstellt. Zeichnen Sie außerdem die Sichel eines abnehmenden Mondes, deren Rundung nach links weist.

Zerdrücken Sie ein Stück Apfel über dem Blatt, und lassen Sie den Saft auf das Papier tropfen. Falten Sie das Blatt einmal in der Mitte und dann erneut in der Mitte und dann ein drittes und viertes Mal. Stellen Sie sich dabei vor, dass Sie die Liebe, die Sie einst teilten, zusammenfalten und eingrenzen.

Verbrennen Sie das Papier in der Flamme Ihrer Kerze, und legen Sie die Asche auf eine saubere weiße Untertasse. Stippen Sie Ihren Finger in die Asche, und schreiben Sie sich die Initialen Ihres einstigen Partners auf Ihre Stirn. Unterteilen Sie die restliche Asche in sieben gleichgroße Portionen, und verteilen Sie sie gleichmäßig auf sieben Stücke sauberen weißen Papiers.

Falten Sie nun die sieben Papierstücke so, dass die Asche in sieben kleinen umschlagartigen Behältnissen enthalten ist. Vermeiden Sie es, etwas von der Asche zu verschütten, denn wenn Sie das tun, lösen Sie den Wesenskern des Zaubers auf.

Tropfen Sie etwas von dem Kerzenwachs auf die zusammengefalteten Blätter, um so jedes Päckchen zu versiegeln. Es ist äußerst wichtig, dass Sie dabei in liebevoller Weise an Ihren einstigen Partner denken.

Vergraben Sie nun voller Liebe jedes Päckchen in Ihrem Garten.

Von einem aufdringlichen
Partner befreien

Für diesen Zauber benötigen Sie ein Kleidungsstück Ihres früheren Partners. Schneiden Sie daraus ein Viereck aus, das groß genug ist, um seinen Namen darauf zu schreiben. Zünden Sie in einer Vollmondnacht eine rosafarbene Kerze an, und schreiben Sie den Namen Ihres Bewunderers auf das Stoffstück. (Kreide eignet sich dafür besonders gut.)

Wünschen Sie Ihrem Verehrer alles Gute, und verbrennen Sie das Stoffstück mit dem daraufgeschriebenen Namen in der Kerzenflamme, wobei Sie sagen:

Diese Flamme verbrennt jeder
Leidenschaft Lust,
die [Name] für mich empfindet voll Frust.
Er [oder sie] ist hinweg für alle Zeit,
und ich bin auf ewiglich befreit.

Lassen Sie die Kerze niederbrennen, bis sie von selbst ausgeht.

Um den Zauber abzuschließen, sollte der übrig gebliebene Kerzenstumpf zusammen mit dem restlichen Kleidungsstück, aus dem Sie das viereckige Stoffstück herausgeschnitten haben, begraben werden.

Hochzeitsbräuche

- Wenn ein freiender Roma seiner Auserwählten sein Halstuch gab und sie es ständig trug, galt das als Zeichen dafür, dass sie ihn liebte. Solch eine Geste konnte ihn dazu ermuntern, um ihre Hand anzuhalten.

- Bei den Roma heißt es, dass man reich an Liebe und Vermögen sein wird, wenn man zur Zeit des Vollmonds heiratet. Außerdem sagt man, dass ein Paar mehr Wohlstand erwarten kann, wenn es bei zunehmendem statt bei abnehmendem Mond heiratet.

- Laut der Überlieferung der Roma bringt es Unglück, wenn man einem Ehepaar ein Messer schenkt. Es zeigt an, dass ihre Liebe durchtrennt wird. Auch das Schenken einer Schere oder anderer Schneidewerkzeuge soll Unglück bringen. Doch der Empfänger solch eines Geschenks kann das drohende Unheil abwenden, indem er der Person, welche den scharfen Gegenstand geschenkt hat, eine Münze gibt.

- Es bringt ebenfalls Unglück, wenn der Bräutigam während der Hochzeitszeremonie über die Schulter blickt, während seine Braut erscheint. Die Roma sagen, dies sei ein Zeichen dafür, dass er immer bedauernd zurückblicken wird.
- Die Roma glauben, dass es Liebe, Glück, Gesundheit und Wohlstand bringt, über den Köpfen des Brautpaares ein Brot zu brechen. Dem Teig des Brotes wurden frische oder getrocknete Früchte und ein wenig Blut aus den Ringfingern des Brautpaares untergemischt.
- Ein noch heute bestehender Hochzeitsbrauch besteht in dem Glauben, dass es Unglück bringt, zur Fastenzeit zu heiraten:

*Heirate zur Fastenzeit,
und du wirst haben viel Herzeleid.*

- Der Wochentag, an dem geheiratet wird, gilt ebenfalls als wichtig:

Montag bringt Wohlstand.
Dienstag bringt Gesundheit.
Mittwoch ist der beste Tag.
Donnerstag bringt Verlust.
Freitag bringt Verdruss.
und der Samstag ist der
schlechteste Tag überhaupt.

- Die Überlieferung der Roma besagt, dass es nichts Gutes verheißt, wenn die Namen des angehenden Brautpaars dieselben Initialen:

Änderst du den Namen,
doch den Buchstaben nicht,
steht es schlecht um deine Ehe,
weil es dir am Glück gebricht.

- Ferner ist der Glaube überliefert, dass derjenige des Brautpaares, der in der Hochzeitsnacht als Erster einschläft, auch als Erster sterben wird.

Das ewige Dreieck

Wenn Sie sich nicht zwischen zwei Bewunderern entscheiden können, hilft die Magie: Nehmen Sie zwei Tulpenzwiebeln, und ritzen Sie mit einer neuen, unbenutzten Stecknadel in jede der beiden Zwiebeln je einen Namen der beiden Verehrer ein. Merken Sie sich, welche Tulpenzwiebel für welchen Verehrer steht, und pflanzen Sie die Zwiebeln nebeneinander in einen Topf oder Blumenkasten oder in den Garten.

Die Zwiebel, die zuerst eine Blüte treibt, zeigt die Person an, die Ihrer am meisten wert ist.

Um ein Eheproblem zu lösen, gehen Sie mit einem Schuh des abwesenden Partners an einen Fluss. Schreiben Sie Ihren Wunsch auf den Schuh, und werfen Sie ihn flussabwärts. Das Problem wird mit dem Wasser davonfließen.

Eine Scheidung vermeiden

Bei den Roma ist eine Scheidung ein Tabu. Daher wird der folgende Zauber eingesetzt, um zerrüttete Ehen zu heilen. Man benötigt dafür lediglich einen Apfel, wahre Liebe und äußerste Entschlossenheit, die Ehe am Laufen zu halten.

Der Vorteil bei diesem Zauber besteht darin, dass bereits eine Verbindung besteht. Die Ehe benötigt lediglich eine Auffrischung oder einen Brückenschlag zwischen den Partnern.

Kaufen Sie einen makellos aussehenden Apfel. Im Sommer oder Herbst können Sie sich auch selbst einen Apfel pflücken. In einem frisch vom Baum gepflückten Apfel steckt mehr Lebenskraft.

Halbieren Sie den Apfel mit einem Messer. Es gilt als Glück verheißendes Omen, wenn die Kerne nicht durch das Messer verletzt wurden. Aber machen Sie sich keine Sorgen, wenn das doch der Fall sein sollte.

Schreiben Sie auf ein weißes, unbenutztes Blatt Papier zuerst den vollständigen Namen der Frau, dann den des Mannes. Schneiden Sie die Namen aus, wobei Sie darauf achten müssen, dass das ausgeschnittene Stück Papier mit den Namen darauf klein genug ist, um zwischen die Apfelhälften zu passen. Legen Sie das Papier mit den Namen darauf nun zwischen die beiden Apfelhälften, und stellen Sie sich vor, dass die Ehe geheilt wird.

Stecken Sie die Apfelhälften mit zwei Nadeln zusammen. Schieben Sie dazu die Nadeln diagonal in den Apfel – von links nach rechts und von rechts nach links. Denken Sie, während Sie das tun, liebevoll an Ihren Partner, und bitten Sie darum, dass Ihre Liebe erwidert wird.

Die Roma nutzen Ihr Lagerfeuer, um den Apfel zu braten. Sie können Ihren Apfel aber auch in Ihren Herd oder Ofen schieben und ihn backen, bis er wieder ganz wirkt. Wenn Sie Ihren Partner dazu bringen können, etwas von dem Bratapfel zu essen, dann ist das umso besser.

Unerwünschte Scheidung

Wenn eine unerwünschte Scheidung wahrschein-lich erscheint, raten Roma der Person, die möchte, dass ihr Partner zurückkommt, eine violette Kerze anzuzünden.

Durchbohren Sie die Kerze mit einer Stecknadel von rechts nach links, sodass die Nadelspitze an der linken Seite der Kerze herausragt. Nehmen Sie dann eine Stecknadel mit einem blauen Kopf, und durchbohren Sie die Kerze damit von links nach rechts. Konzentrieren Sie sich, während Sie das tun, auf die Nadelspitze und die Vorstellung, den Weg Ihres Partners zu kreuzen.

Lassen Sie die Kerze abbrennen und von selbst erlöschen. Vergraben Sie anschließend die Nadeln.

Unterwäschezauber für eheliche Treue

Auch wenn eine Scheidung in der Kultur der Roma ein Tabu ist, sind ihre Ehen nicht unbedingt glücklicher als die meisten, und manchmal geraten Partner auf Abwege. Aber es gibt einen Zauber, der den Partner nach Hause zu seinen ursprünglichen Bindungen zurückzieht. Dieser Zauber ist sehr elementar, so handfest wie die Roma selbst. Er kommt auf den Punkt und scheint zu funktionieren.

Nehmen Sie eine Unterhose von Ihrem Partner und eine von sich selbst. Nehmen Sie zwei Muskatnüsse, und schreiben Sie den vollständigen Namen Ihres Partners auf die eine und Ihren eigenen auf die andere Nuss. Umschlingen Sie die beiden Muskatnüsse mit einem roten Band. Wickeln Sie sie in die Unterwäsche, und schieben Sie diese in einen unbenutzten weißen Umschlag. Schieben Sie ihn unter Ihr Kopfkissen, und schlafen Sie darauf, falls Ihr Partner fort ist, oder verstauen Sie ihn in einer Schublade, in der Sie Ihre liebste oder sinnlichste Kleidung aufbewahren.

Mit einem abwesenden Partner kommunizieren

Zünden Sie zunächst eine rosafarbene Kerze an. Nehmen Sie ein Foto in die Hand, auf dem das Gesicht Ihres Partners deutlich zu sehen ist. Sehen Sie Ihrem Partner in die Augen. Sie können tiefer in die Augen oder darüber hinaus in die Seele Ihres Partners blicken, wenn Sie eine Kristallkugel oder ein Vergrößerungsglas auf das Bild legen.

Sprechen Sie direkt zu dem Foto oder durch den Gegenstand, den Sie zu seiner Vergrößerung ausgewählt haben. Die Augen, der Mund und die Gesichtszüge in dem Bild werden sich auf eine Weise bewegen, dass es den Eindruck macht, Sie würden unmittelbar, von Angesicht zu Angesicht, mit der Person sprechen, mit der Sie Kontakt aufzunehmen versuchen. In diesem Moment haben Sie die Verbindung hergestellt.

Sagen Sie der Person, worum es Ihnen geht, oder stellen Sie ihr eine Frage. Die Antwort wird auf telepathischem Wege zu Ihnen kommen.

Pusten Sie die Kerze aus, und schwenken Sie das Foto durch ihren Rauch, und zwar von Norden nach Süden und von Westen nach Osten. Dann bringen Sie das Foto dahin zurück, wo Sie es normalerweise aufbewahren.

Gesund-heit

Die unabhängigen Roma mussten in den Jahrhunderten des Umherziehens ihre eigenen Ärzte sein. Sie lernten, Heilkräuter, andere Pflanzen und weitere Mittel einzusetzen, um sich zu heilen, wenn sie krank oder verletzt waren. Sie waren fest davon überzeugt, dass viele Krankheiten durch den Geist beeinflusst werden und dass es eine konkrete heilende Wirkung hat, wenn man daran glaubt, dass man gesund ist. Eine Roma-Mutter, die zu ihrem Kind sagt »Lass es mich wegküssen«, kann tatsächlich bewirken, dass es dem Kind besser geht, indem sie ihm den Glauben daran schenkt. Die Roma sagen auch, dass es die gesundheitliche Verfassung eines Kranken verbessern kann, wenn man ihm Liebe schickt, und zwar unabhängig davon, ob die betreffende Person darum weiß oder nicht.

Schwermut heilen

Zur Gedankenwelt der Roma gehört die Auffassung, dass Niedergeschlagenheit wie eine Schwingung Niedergeschlagenheit anzieht. Um sie abzuwehren, empfiehlt es sich, fröhliche Musik zu hören oder mit glücklichen Menschen zusammen zu sein. Sie können auch auf den Gipfel eines Berges steigen, um sich über Ihre Probleme zu erheben. Wenn man von oben hinabblickt, erscheint einem alles in einer realistischeren Perspektive.

Die Roma versuchen stets, das Positive von jeder Situation zu sehen. Wenn Ihnen das jedoch nicht so einfach gelingen will, dann versuchen Sie es mit diesem Gegenmittel der Roma gegen den Trübsinn: Pellen Sie mehrere Knoblauchzehen ab, und legen Sie sie auf eine Untertasse. Gießen Sie weißen Essig darüber, bis die Knoblauchzehen zu einem Teil darin eingetaucht sind. Stellen Sie die Untertasse neben Ihr Bett, während Sie schlafen. Es heißt, die Knoblauchzehen würden dann rosafarben werden, weil sie die negative Energie in sich aufnehmen würden. Am Morgen sollten Sie die Knoblauchzehen eingraben und sie abends durch neue ersetzen.

Abnehmen

Dieser Zauber macht es erstaunlich leicht, das Essen von Süßigkeiten einzustellen.

Nehmen Sie ein Stück Kuchen, einen Keks oder ein Stück Schokolade – eben die Art von Süßigkeit, die Sie aus Ihrem Leben verbannen wollen –, und vergraben Sie das Naschwerk in einem Blumentopf oder im Garten. Pflanzen Sie drei Knoblauchzehen darauf. Die Knoblauchzehen befreien Sie von Ihrem Verlangen, sobald sie ausgetrieben sind.

Eine schlechte Angewohnheit ablegen

Um sich oder jemand anderem dabei zu helfen, sich das Rauchen, das Nägelkauen oder irgendeine andere unerwünschte Angewohnheit abzugewöhnen, nehmen Sie neun Haarsträhnen der betroffenen Person, und wickeln Sie sie um einen Eisennagel. Hämmern Sie den Nagel dann in einen Holzpfosten. Es heißt, dass die Angewohnheit mit dem Rosten des Nagels allmählich nachlässt.

Einen Sohn empfangen

Stellen Sie zu Ihrer fruchtbarsten Zeit im Monat eine rote Rose in einer Vase auf einen Tisch. Zünden Sie eine rote Kerze an, die Mars symbolisiert, den Gott der Lebenskraft und Vitalität. Zünden Sie anschließend eine grüne Kerze an. Grün steht für Venus, die Göttin der Liebe und der Harmonie. Stellen Sie die grüne rechts von der roten Kerze auf. Nehmen Sie außerdem eine gelbe Kerze, und stellen Sie sie so hin, dass sie hinter der roten und der grünen Kerze steht und mit ihnen ein Dreieck bildet. Die Zahl Drei steht für die männlichen Geschlechtsorgane und für sexuelle Kraft.

Schreiben Sie auf ein Lorbeerblatt – denn Lorbeer ist eine Sonnenpflanze – den Satz: »Ich möchte einen Sohn empfangen.« Legen Sie das Blatt mit der Schrift nach oben in die Mitte des Kerzendreiecks.

Schließen Sie jetzt die Augen, und stellen Sie sich eine rote Rosenknospe in Ihrem Schoß vor. Malen Sie sich aus, wie sich die Knospe entfaltet und zu einer Blüte wird. Öffnen Sie die Augen wieder, und stellen Sie sich vor, dass das Kerzenlicht in Ihren Schoß geleitet wird. Schließen Sie die Augen erneut, und fahren Sie mit der Visualisierung so lange fort, wie Sie können.

Lassen Sie die Kerzen von selbst niederbrennen. Nehmen Sie das Lorbeerblatt, küssen Sie es dreimal, und legen Sie es unter Ihr Kopfkissen, wo es während Ihrer fruchtbaren Phase bleiben sollte.

Jetzt ist nur noch die Kooperation Ihres Partners erforderlich.

Eine Tochter empfangen

Sie sollten diesen Zauber während der Zeit Ihrer fruchtbarsten Phase im Monat vorbereiten und ausführen.

Stellen Sie eine Puppe her, die Ihnen so stark wie möglich ähnelt. Nehmen Sie dazu eine Modelliermasse, und formen Sie daraus eine schwangere Frau. Drücken Sie Ihr Haar aus Ihrem Kamm oder Ihrer Bürste in den Kopf, und kleiden Sie die Puppe so ein, wie Sie sich kleiden. Schneiden Sie ein Foto mit Ihrem Gesicht aus, und drücken sie es vorne auf den Kopf der Puppe.

Wenn Sie die Puppe auf diese Weise vorbereitet haben, legen Sie sie auf ein Bett aus frischem Lavendel oder auf einen rosafarbenen Schal, den Sie mit Lavendelöl besprenkelt haben. (Lavendel gilt entsprechend seiner Form als männliche Blume und zieht Liebe an.) Legen Sie die Puppe auf einen Tisch in einem Zimmer, in dem kein elektrisches Licht brennt, und zünden sie rechts von ihr eine rosafarbene Kerze an.

Nehmen Sie ein unberührtes weißes Blatt Papier, und schreiben Sie darauf den Satz: »Ich möchte eine

Tochter empfangen.« Legen Sie das Blatt unter den Lavendel oder den Schal, wickeln Sie es um die Puppe auf ihrem Bett und binden Sie ein gelbes Band oder eine gelbe Schnur um sie. Legen Sie die Puppe anschließend zusammen mit einem Stück Quarzkristall und einem Mondstein neben Ihr Kopfkissen oder auf Ihren Nachttisch. Quarz wird manchmal als »heiliges Feuer« bezeichnet, weil er die Lichtstrahlen und die Sonnenenergie intensiviert. Außerdem gilt er als männliche Kraft. Der vom Mond beherrschte Mondstein hingegen wird als weiblicher, emotionaler Stein betrachtet. Sein Wesen und seine Aura verbessern die Gesundheit und offenbaren die Zukunft. Wie Frauen ändert er sich mit dem Mond. Er überträgt heilende Energie, wenn der Mond zunimmt, und verstärkt das Verlangen, wenn der Mond abnimmt.

Das Verlangen Ihres Partners vollendet den Zauber und verwirklicht ihn.

Wenn Sie sich krank fühlen, sagen Sie vor dem Zubettgehen einfach: »Ich möchte geheilt werden, während ich schlafe.« Geister werden Sie in der Nacht heilen, und wenn Sie wieder aufwachen, werden Sie sich besser fühlen als sonst. Schon viele Menschen sind auf wunderbare Weise genesen, weil sie dem Rat gefolgt sind, der ihnen im Schlaf erteilt wurde. (Diese Art von Hellsehen wird als Iatromagie bezeichnet.)

Das Geschlecht eines Babys vorhersagen

Um zu ermitteln, ob ein erwartetes Baby ein Mädchen oder ein Junge wird, müssen Sie einen Ort finden, an dem zugleich rote und weiße Rosen wachsen.

Die schwangere Frau sollte mit geschlossenen Augen zu den Rosen geführt werden. Dort sollte sie siebenmal gegen den Uhrzeigersinn im Kreis gehen, bevor sie mit noch immer geschlossenen Augen auf die Rosen zugeht und eine davon pflückt.

Wenn die Rose, die sie gepflückt hat, weiß ist, wird sie eine Tochter gebären; ist die Rose rot, wird es ein Sohn sein.

Eine bekanntere Methode besteht im Auspendeln. Statt eines richtigen Pendels können Sie auch einen an einer Kette, einer Schnur oder einem menschlichen Haar hängenden Ring benutzen. Man hält das Pendel über den Bauch der Schwangeren und bittet es, kreisförmig im Uhrzeigersinn zu schwingen, wenn das Baby ein Junge ist, und gegen den Uhrzeigersinn zu kreisen, wenn es sich um ein Mädchen handelt.

Warzen weghexen

Die Roma verwenden eine ganze Reihe von Methoden, um Warzen verschwinden zu lassen, etwa diese:

- Reiben Sie die Warze mit einem Stein, und schlagen Sie den Stein dann in ein Taschentuch aus Papier oder Stoff ein. Geben Sie den in das Tuch gewickelten Stein jemandem, mit dem Sie befreundet sind, damit er oder sie es an einer Kreuzung vergräbt. So wie das Tuch zerfällt, wird die Warze austrocknen.
- Eine andere Methode besteht darin, die Warze mit einer Kartoffel statt mit einem Stein zu reiben. Für dieses Heilverfahren wird kein Taschentuch benötigt. Die Kartoffel wird einfach vergraben, und die Warze zersetzt sich gleichzeitig mit der Kartoffel.
- Man kann auch die Warze von jemand anderem für einen Cent kaufen. Die Person, welche die Warze verkauft, sollte die Münze zwischen die beiden Hälften einer Kartoffel tun, die der Käufer dann für den Verkäufer vergräbt.

- Eine Alternative, mit der man gleich mehrere Warzen auf einmal beseitigen kann, bietet folgendes Verfahren: Reiben Sie jede Warze mit einem Stück Kreide ein, und zeichnen Sie anschließend mit dem Kreidestück auf die hintere Seite eines Kamins ein Kreuz. Es heißt, dass die Warzen, während der Ruß das Kreidezeichen bedeckt, langsam verschwinden.
- Nehmen Sie ein Stück Schnur, um Warzen wegzuzaubern: Machen Sie so viele Knoten in die Schnur, wie Warzen vorhanden sind. Dann vergraben Sie die Schnur. Wenn die Schnur zerfällt, lösen sich auch die Warzen auf.
- Noch eine Methode: Nehmen Sie eine Stecknadel, und zeigen Sie mit ihrer Spitze auf die Warze, ohne sie zu berühren. Sagen Sie der Warze, dass sie verschwinden wird. Bohren Sie die Stecknadel dann in den Boden. Wenn sie rostet, vertrocknet die Warze.

Krankheit weghexen

Laut den Roma gibt es keinen einfacheren Weg, jemanden von einer Krankheit zu befreien, als die Fingernägel und die Haare der betreffenden Person zu schneiden. Die abgeschnittenen Fingernägel und Haare werden anschließend vergraben. Manche sagen auch, dass die Krankheit, wenn man die Nägel und Haare in einen Fluss, einen Bach oder ein fließendes Gewässer wirft, mit weggespült wird.

Der Fluch des Unglücks, der einen angeblich trifft, wenn eine Elster vor einem von rechts nach links vorbeifliegt, soll neutralisiert werden können, wenn man sagt: »Guten Morgen, Herr Elster, wie geht es Ihrer Frau?« Wenn es Nachmittag ist, kann man sich, um Ungemach abzuwenden, in Richtung des Vogels verbeugen und sagen: »Guten Tag, Eure Lordschaft.«

Eine weitere Möglichkeit, Krankheiten zu lindern

Nehmen Sie eine Münze, die Sie auf der Straße gefunden haben, und streuen Sie eine Prise Salz darauf. Schütten Sie das Salz in etwas kochendes Wasser, und lassen Sie es sich auflösen. Wenn das Wasser abgekühlt ist, nehmen Sie die Münze und spritzen damit die Salzlösung auf die Handflächen und die Fußsohlen eines Kranken.

Noch ein anderes traditionelles Mittel verwendet Kerzenmagie. Nehmen Sie eine Stecknadel, und ritzen Sie damit den Namen der kranken Person in eine blaue Kerze. Fangen Sie am Boden an, und nutzen Sie den Platz bis hoch zur Spitze. Drücken Sie die Stecknadel in die Kerze, und lassen Sie sie da. Lassen Sie die Kerze abbrennen und von selbst erlöschen. Heben Sie die Stecknadel für weiterer Zauber auf.

Schutzzauber

Dieser Zauber eignet sich zur Verbesserung des Gesundheitszustands eines älteren Menschen. Außerdem schützt er ans Haus gefesselte Personen vor Schaden.

Nehmen Sie ein Hufeisen oder einen eisernen Nagel, und weihen Sie den Gegenstand, indem Sie ihn in Salzwasser tauchen. Vergraben Sie ihn anschließend im Garten der betreffenden Person oder in einem Blumentopf mit einer Pflanze. Lassen Sie die Spitze aus der Erde ragen, sodass sie als Leiter zum Aufnehmen der Energie fungieren kann. Sagen Sie, während Sie den Nagel oder das Hufeisen vergraben:

Krankheit, dir befehle ich,
durch dieses Eisen fließe,
damit [Name] frei wird und
wieder Gesundheit genieße.

Niesen

»Husten und Niesen jeden verdrießen«, heißt es. Für die Roma ist Niesen jedoch mehr als ein Anzeichen für eine Erkältung:

Niesen am Montag schützt vor Gefahr.
Niesen am Dienstag bringt den Kuss
eines Fremden wunderbar.
Niesen am Mittwoch, eine gute
Nachricht trifft ein.
Niesen am Donnerstag, ein Geschenk
kommt fein.
Niesen am Freitag, eine Nachricht
bringt Sorgen.
Niesen am Samstag, du wirst
verreisen morgen.
Niesen am Sonntag, erbitte Gottes Segen,
damit die ganze Woche lang du gesund
dich kannst regen.

Eine hartnäckige Krankheit lindern

Dieser Zauber wurde traditionell von Müttern zur Genesung ihrer Kinder verwendet.

Gehen Sie mit einem leeren Krug zu einem Bach oder Fluss, und lassen Sie das Wasser hineinfließen. Nehmen Sie den vollen Krug mit nach Hause, und werfen Sie sieben Knoblauchzehen und sieben Stückchen Kohle hinein. Lassen Sie das Ganze sieben Tage lang ziehen. Finden Sie in dieser Zeit einen dreigabeligen Zweig.

Kochen Sie nach den sieben Tagen den Inhalt des Kruges, und rühren Sie ihn mit dem Zweig um. Schnipsen Sie das Wasser, wenn es abgekühlt ist, siebenmal auf den Patienten. Es wird geglaubt, dass man dadurch den »bösen Blick« eines Unheil bringenden Geistes bannen kann.

Es heißt auch, dass eine Krankheit fort-
gespült werden kann, wenn man mit einem
kranken Menschen bei Neumond oder Vollmond an einen Fluss oder Bach geht und
ihm dort mit dem fließenden Wasser Gesicht
und Hände wäscht.

Gesundheit und Lebenskraft stärken

Quarzkristalle strahlen eine Energiefrequenz aus, eine Schwingung. Die Roma sind dafür bekannt, Kristallkugeln zum Wahrsagen zu verwenden. Aber sie nutzen Quarzkristalle auch zum Heilen.

Wenn Sie ein Stück Quarz haben, waschen Sie es erst einmal in warmem Seifenwasser, und spülen Sie es abschließend unter fließendem Wasser ab. Nehmen Sie nun den Kristall in beide Hände. Schließen Sie die Augen, und stellen Sie sich vor, in weißem Licht zu baden. Visualisieren Sie den Sitz Ihrer Krankheit, und zeigen Sie mit dem Kristall auf die entsprechende Körperstelle. Veranschaulichen Sie sich, wie sich ein Strom aus weißem Licht aus dem Kristall ergießt und den kranken Körperteil in seinen reinen Strahlen badet.

Legen Sie den Kristall unter Ihr Kopfkissen, wenn Sie schlafen.

Wenn Roma Nasenbluten haben, lassen sie ein paar Tropfen Blut auf den Erdboden fallen. Die Blutstropfen werden dann mit Erde bedeckt, sodass die Erdgeister ihre Heilungsarbeit verrichten können.

Kopfschmerzen vertreiben

Um Kopfschmerzen verschwinden zu lassen, reiben Sie Ihre Stirn mit einem Stein, den Sie anschließend mit Erde bedecken. Es heißt, dass die Erde den Schmerz aufnimmt.

- Alternativ können Sie den Schmerz vertreiben, indem Sie Ihre Stirn mit einem Hufeisen reiben. (Ein Stück Eisen soll genauso wirksam sein.)
- Eine weitere Methode besteht darin, sich mit einem Quarz auf dem Kopfkissen hinzulegen. Wenn Sie sich nicht hinlegen können, versuchen Sie, sich dadurch Erleichterung zu verschaffen, dass Sie sich ein paar Minuten lang einen Quarz an den Kopf halten.

Mittel gegen Kahlheit

Ein Mittel der Roma, das angeblich an einer kahlen Stelle wieder Haare wachsen lässt, besteht darin, zu gleichen Teilen Rosmarinöl, Mandelöl und Bay-Rum-Rasierwasser zu mischen und sich diese Mischung morgens und abends in die Kopfhaut einzumassieren.

Um ein Ausdünnen der Haare aufzuhalten, soll man sich morgens und abends Knoblauchöl in die Kopfhaut reiben.

Zur Kräftigung der Haare und zur Vorbeugung gegen Haarausfall spült man die Kopfhaut mit einem Aufguss aus einem halben Teelöffel Rosmarinsprossen, die man in einer Tasse Wasser hat ziehen lassen.

Eine schöne Haarpracht erhält man nach Aussage der Roma, wenn man folgenden Spruch sagt:

Nie wirst du unter kraftlosem
dünnem Haar leiden.
lässt du dir die Haare bei zunehmendem.
nie bei abnehmendem Mond schneiden.

Krämpfe lindern

Die Roma sagen, dass es Krämpfe lindert, wenn man mit einer Schüssel Wasser unter dem Bett schläft, das aus einem Fluss, einem Bach oder einer Quelle stammt. Außerdem soll es helfen, wenn man Korken auf eine rote Schnur zieht oder die Korken in einen roten Seidenschal wickelt und das Ganze ans Fußende des Bettes legt.

Fieber senken

Zum Fiebersenken können Sie einen einfachen Salzzauber verwenden: Werfen Sie eine Handvoll Salz in die Flammen eines Feuers. Durch das Salz verfärben sich die Flammen blau. Blicken Sie in diese blauen Flammen, und stellen Sie sich vor, dass der Patient wieder gesund ist. Sagen Sie dabei folgende Worte:

Das Fieber verbrennt,
bald gesund ist der Patient.

Mundgeruch

Als Mittel gegen schlechten Atem essen die Roma jeden Abend vor dem Zubettgehen mindestens einen frischen, rohen Apfel. Ein weiteres Gegenmittel ist das Kauen von Petersilie, Pfefferminze, Fenchel oder Kümmel.

Eine Beule am Kopf

Wenn sich ein Kind den Kopf stößt, pressen Sie die flache Seite eines Messers mit breiter Klinge auf die Stelle, um die Schwellung zu lindern. Stoßen Sie das Messer anschließend siebenmal in die Erde, sodass der Schmerz vom Kind auf den Boden übertragen wird.

Wer Speisen oder Getränke mit einem Messer umrührt, wird leicht zum Streit verführt.

Sehkraft und Einsicht verbessern

Um das Sehvermögen und die Hellsichtigkeit zu steigern, kocht man an einem Sonntag ein wenig Quellwasser mit einer Prise Safran. Die Roma sagen, dass ein Safran-Bad nicht nur das Hellsehen stärkt, sondern auch schmerzende Augen sofort beruhigt. Safran wird vom Sonnenzeichen beherrscht und wegen seiner gelben Farbe der Magie und der Liebe zugeordnet.

Eine weitere Methode, schmerzenden oder entzündeten Augen Linderung zu verschaffen, ist das Tragen von goldenen Ohrringen. (Vielleicht haben deswegen so viele Kinder und Erwachsene bei den Roma Ohrlöcher.)

Das von einer Bürste oder einem Kamm abgesammelte Haar sollte vergraben oder verbrannt werden. Es besteht der Glaube, dass, wenn eine Elster ihr Nest damit auspolstert, der einstige Träger der Haare frühzeitig stirbt.

Fernheilung

Um jemanden zu heilen, der sich nicht in der Nähe befindet, benötigen Sie eine Feder, Rosmarinöl, eine Muschel, einen Stein, eine Zwiebel und wenn möglich ein Hufeisen.

Schreiben Sie den Namen der Person, die Sie heilen wollen, auf die Zwiebel (mit einem Kugelschreiber oder einem Bleistift geht das gut).

Pflanzen Sie die Zwiebelknolle in einen Topf oder in den Garten. Legen Sie nördlich davon einen Stein, tropfen Sie südlich davon drei Tropfen Rosmarin auf die Erde, legen Sie westlich davon eine Muschel und östlich davon eine Feder hin. Bedecken Sie alles mit Erde.

Stellen Sie den Topf auf ein Hufeisen, oder legen Sie das Hufeisen in die Nähe der Zwiebel, falls Sie diese in den Garten gepflanzt haben.

Dieser Zauber bedient sich der Kraft von Mars, dem Gott des Krieges – sowohl die Zwiebel als auch das Pferd werden von Mars beherrscht –, um den Kampf gegen die Krankheit zu gewinnen.

Haus-
tiere

Die Roma sind fest von der Heilungskraft des Handauflegens bei Hunden, Pferden und kleineren Haustieren wie Katzen, Kaninchen, Meerschweinchen, Hamstern, Mäusen oder Vögeln überzeugt. Dieses Mittel ersetzt nicht den Tierarztbesuch, aber es kann ergänzend zur Behandlung durch einen Tierarzt eingesetzt werden, etwa vor oder nach einer Operation oder einfach, wenn Ihr Tier angeschlagen wirkt.

Die Verletzung einer Katze heilen

Um die Wunden einer Katze zu heilen, die sie sich in einem Kampf zugezogen hat, empfehlen die Roma, zunächst eine blaue Kerze anzuzünden. Nehmen Sie Ihre Katze auf den Schoß, oder lassen Sie sie sich selbst einen Platz aussuchen, auf dem sie liegen will. Beruhigen Sie sie, indem Sie liebevoll über ihren Körper streichen, bis sie schnurrt oder entspannt und bequem genug zu liegen scheint, um fünf oder zehn Minuten lang am gleichen Fleck zu bleiben.

Schließen Sie die Augen, und bitten Sie, dass ein tierärztlicher Geist durch Ihre Hände wirken möge. Nach ein paar Minuten sollten Sie spüren, dass Ihre Handflächen warm werden und diese Wärme ausstrahlen. Möglicherweise spüren Sie, dass Ihre Hände zu unterschiedlichen Stellen des Körpers Ihrer Katze geführt werden. Lenken Sie sie dorthin, wo sie hingezogen werden.

Stellen Sie sich vor, dass die Farben des Regenbogens – Rot, Orange, Gelb, Grün, Blau, Violett – in die Katze strömen.

Beenden Sie das Ganze, indem Sie dem tierärztlichen Geist danken, der Ihre Hände verwendet hat, um heilende Energie durch sie zu leiten. Dann sagen Sie:

*Kätzchen, vorbei
ist die Balgerei.*

Besiegeln Sie den Zauber mit einem Kuss für Ihre Katze.

Katzenverehrung

Katzen wurden seit den alten Ägyptern als magische Wesen verehrt. Man glaubte, dass es Regen geben wird, wenn sich eine Katze putzt. Wenn man beobachtet, dass sie sich hinter den Ohren putzt, soll das ein Zeichen dafür sein, dass bald Besuch eintrifft. Wenn sich eine Katze mit dem Rücken zum Feuer hinsetzt, gilt das als sichere Ankündigung von Frost.

Ihre Katze kann Ihnen auch beim Wahrsagen helfen. Lassen Sie eine Tür offen, und konzentrieren Sie sich auf eine Frage, die mit Ja oder Nein beantwortet werden kann. Rufen Sie Ihre Katze ins Zimmer, und achten Sie darauf, mit welcher Tatze sie zuerst den Boden des Zimmers berührt. Wenn es die rechte Tatze ist, lautet die Antwort ja. Wenn die Katze das Zimmer zuerst mit der linken Tatze betritt, ist die Antwort nein.

Einen Hund heilen

Bringen Sie Ihren Hund in eine bequeme Lage, oder lassen Sie ihn selbst einen Platz finden, an dem er sich hinlegen möchte.

Setzen Sie sich neben Ihren Hund, und beten Sie, dass sich ein Kreis aus goldenem Licht zum Schutz und ein Kreis aus blauem Licht zur Heilung um Sie und Ihren Hund legen möge. Sprechen Sie nun das Vaterunser.

Halten Sie Ihre Handflächen dicht über Ihr Tier. Stellen Sie sich ein gelbes Licht vor, und malen Sie sich dann aus, wie blaue, grüne, indigofarbene und violette Strahlen zunächst durch Ihre Hände und von dort aus in den Körper Ihres Hundes dringen.

Beenden Sie die Heilungssitzung, indem Sie um einen schützenden spirituellen Mantel bitten, der sich behütend um Ihr Tier legt und es vor Schaden bewahrt.

Sie können dies mehrmals täglich wiederholen.

Pferdeflüstern

Es liegt etwas Mysteriöses im Pferdeflüstern. Dabei handelt es sich um eine unerklärliche Methode der Roma, wilde und temperamentvolle Pferde zu zähmen. Es heißt, ein Pferdezauberer übergebe das Geheimnis des Pferdeflüsterns auf seinem Totenbett jeweils seinem ältesten Sohn. Die Roma sagen, dass derjenige, der die Gabe des Pferdeflüsterns erhalten habe, keine selige Ruhe finden könne, bevor er seine Fähigkeit nicht weitergegeben habe.

Man erzählt sich von Pferdeflüsterern, die sich heimlich im Mondlicht treffen, um ihre Reiterkünste zu üben und sich über ihre hypnotischen und magischen Praktiken und ihre Heilkräuterrezepte auszutauschen. Manche glauben, dass Pferdezauberei aus der Verabreichung von Kräutern oder Anis über die Nüstern oder das Zaumzeug oder in dem Flüstern des Vaterunsers in das rechte Ohr des Pferdes bestehe. Was auch immer es sein mag, die Roma hüten ihr Geheimnis sorgfältig.

Ein Zauber, den sie preisgeben, soll Pferde furchtlos vor Tumulten und auch vor übernatürlichen Wesen machen. Dazu zeichnet der Zauberer zunächst mit einem Stück Kohle einen Kreis um den linken Vorderhuf des Pferdes und dann ein Kreuz auf den rechten Vorderhuf. Dann spuckt er auf ein Stück gesalzenes Brot und verfüttert das Brot an das Pferd.

Ein umherstreunendes Haustier herbeirufen

Wenn Ihnen eine Katze, ein Hund oder ein anderes Haustier entlaufen ist, müssen Sie nicht verzweifeln. Haustiere sind innerlich auf ihre Halter ausgerichtet und reagieren selbst aus der Ferne auf einen »unsichtbaren« Ruf.

Füllen Sie Nahrung und Wasser in die Näpfe Ihres Haustieres. Zünden Sie eine blaue Kerze in deren Nähe an, und sagen Sie:

Mein lieber Schatz sich verlaufen hat,
komm zurück, bevor die Dunkelheit naht.
Mit wehem Herzen warte ich hier,
bitte komm aus der Ferne heim zu mir.

Lassen Sie die Kerze anschließend von selbst niederbrennen, oder pusten Sie sie aus, wenn Ihr Haustier zurückgekommen ist.

Herumstreunen verhindern

Wenn Sie ein Haustier davon abhalten wollen herumzustreunen, graben Sie ein Loch und füllen es mit Salz, Holzkohle und Fell aus der Bürste oder dem Kamm des Tieres.

Einem anderen Brauch zufolge soll man ein Herumstreunen verhindern können, wenn man einen Fußabdruck des betreffenden Tieres in der Erde vorsichtig ausgräbt und unter einen starken Baum im eigenen Garten legt (am besten unter eine Weide). Sie können den Fußabdruck auch mit nach drinnen nehmen und ihn in einem Blumentopf oder in einer Schüssel aufbewahren.

Ein weiteres bekanntes Mittel, seine Katze oder seinen Hund am Weglaufen zu hindern – vor allem nach einem Umzug –, besteht darin, die vier Pfoten des Tieres mit Butter einzureiben.

Ein entlaufenes oder entflogenes Käfigtier wiederfinden

Ein ausgebüchster Vogel oder Hamster kann ebenso wie ein weggelaufenes Meerschweinchen oder Kaninchen mit folgendem einfachem Zauber zur Heimkehr bewogen werden: Rufen Sie dreimal den Namen des Tieres. Reinigen Sie seinen Käfig, stellen Sie frisches Futter hinein und binden Sie eine gelbe Schnur um den Käfig. Rufen Sie dann erneut dreimal den Namen Ihres Tieres.

Schutzzauber für ein Haustier

Wenn Ihr Tier in einer Tierpension oder beim Tierarzt ist, können Sie durch folgende Maßnahme Ihre übersinnliche Verbindung zu ihm stärken und bewirken, dass es sicher und wohlbehalten wieder nach Hause kommt.

Legen Sie ein blaues Band oder eine blaue Schnur in einem Kreis um sein Körbchen, seine Schlafstelle, seinen Lieblingsstuhl oder seine Lieblingsspielsachen. Machen Sie dann einen Knoten, um die Kreisform zu sichern.

Lösen Sie den Knoten erst, wenn Ihr Tier wieder sicher bei Ihnen zu Hause angekommen ist.

Wohl-
stand

Das Motto der Roma lautet: Denk glücklich, dann wirst du glücklich.

Einst waren viele Roma wohlhabend, und manche sind es bis heute. Sie glauben, dass Besitztümer nur in Übereinstimmung mit dem, was gut und richtig ist, erworben werden sollten. Vereinfacht gesagt sind sie der Überzeugung, dass das Gute kreativ und das Böse zerstörerisch ist.

Für die Mehrheit der Roma war ihr Pferdewohnwagen – ihr *vardo* – ihr kostbarster Besitz. Doch sie arbeiteten, lebten und kochten meist im Freien, wo sie mit den Elementen in Berührung waren. Sie glauben, dass der Körper ein Fuhrwerk für den Geist auf Erden und der *vardo* ein Fuhrwerk für den Körper auf Erden ist. Bei den Roma war es Brauch, den Wohnwagen, wenn sein Besitzer starb, zusammen mit dem Großteil seines Inhalts niederzubrennen.

Unentbehrlicher Geldzauber

An ihren Lagerfeuern oder in ihren lichtdurchfluteten *vardos* wirkten die Roma Zauber, die ihnen Wohlstand bringen sollten. Der folgende Zauber erfreute sich über Jahrhunderte großer Beliebtheit. Früher wurden alte Münzen dafür verwendet, am liebsten goldene.

Nehmen Sie fünf kurze grüne Kerzen und zehn Münzen. Spülen Sie die Münzen in warmem Salzwasser ab. Stellen Sie fünf Untertassen in einem Kreis auf, und legen Sie in die Mitte von jeder eine Münze. Befestigen Sie mit ein wenig geschmolzenem Wachs auf jeder dieser Münzen eine brennende Kerze.

Legen Sie die fünf restlichen Münzen so in den Kreis, dass sie einen fünfzackigen Stern bilden, dessen Spitze von Ihnen weg zeigt. Sagen Sie laut:

Ich brauche schleunigst
[den Geldbetrag nennen].

Stellen Sie sich vor, dass die Kerzenflammen in grünem und violettem Licht leuchten und dass mehrere Minuten lang Münzen aus den Flammen hinunterfallen. Lassen Sie die Kerzen in Ruhe niederbrennen. Vorausgesetzt, Sie brauchen das Geld wirklich, sollte bald ein Geldsegen bei Ihnen eintreffen. Wenn er eintrifft, danken Sie der mystischen Welt.

Ein Spruch der Roma, um finanzielles Glück zu bewirken, lautet: »Trinka Five« (Trinka fünf).[1]

---

1 Zu diesem Spruch und seiner Anwendung kursieren unzählige Varianten. Auch zur Bedeutung des Wortes »Trinka« gibt es unzählige Deutungen. Eine ausführliche Interpretation liefert Flora Elmore, die den Ursprung in einem Segensspruch mittelalterlicher Hebammen vermutet: http://themagichappensnow.com/magic-of-the-trinka-five/. Anm. d. Übers.

Geldzauber mit Tarotkarten

Die Roma glauben fest an die Aussage- und Wirkkraft der Tarotkarten. Für die Ausführung des folgenden Zaubers, der Geld herbeibringen soll, benötigt man 14 Tage, 14 grüne Kerzen und das aus 14 Karten bestehende Münzendeck der kleinen Arkana, das zu einem vollständigen Tarotkartendeck gehört.

Zünden Sie in einer Neumondnacht eine grüne Kerze an. Nehmen Sie das Ass der Münzen aus einem Satz Tarotkarten, und legen Sie es aufgedeckt hinter die Kerze. Setzen Sie sich ein paar Minuten lang still hin, und blicken Sie in die Kerzenflamme. Denken Sie dabei an das, was Sie mit dem Geld, das Sie sich wünschen, tun werden. Lassen Sie die Karte dort liegen, wo Sie sie abgelegt haben, und sorgen Sie dafür, dass die Kerze von selbst abbrennen und verlöschen kann.

Zünden Sie am folgenden Abend eine neue Kerze an. Legen Sie die Zwei der Münzen aufgedeckt, leicht nach unten versetzt, rechts vom Ass der Münzen hin, um nach und nach einen gegen den Uhrzeigersinn laufenden Kreis aus Karten zu bilden. Setzen Sie sich hin, blicken Sie in die Flamme, und überlegen Sie erneut, wie Sie das Geld, das Sie haben wollen, einsetzen werden. Lassen Sie die Karte liegen und die Kerze in Ruhe niederbrennen.

Am dritten Abend folgt der gleiche Ablauf mit einer neuen angezündeten Kerze, nur dass Sie diesmal die Drei der Münzen aufgedeckt ablegen. Am vierten Abend zünden Sie eine vierte Kerze an und legen die Vier der Münzen aufgedeckt ab. So geht es die nächsten Abende bis zum zehnten Abend weiter, an dem Sie die Zehn der Münzen ablegen und die zehnte Kerze niederbrennen lassen.

Am elften Abend ist der Bube der Münzen an der Reihe. Das Bild zeigt einen jungen Mann, der Ihnen Geld reicht. Hängen Sie dieser Vorstellung nach, während Sie in die Flamme schauen.

Am zwölften Abend legen Sie den Ritter der Münzen aufgedeckt in den Kartenkreis ab. Lassen Sie Ihre Gedanken auch jetzt von dem Bild auf der Karte leiten.

Am 13. Abend kommt die Königin der Münzen zum Einsatz, die als Frau dargestellt ist, die Ihnen Geld gibt. Erlauben Sie auch diesmal, dass Ihre Fantasie dahintreibt, während Sie auf die Karte und in die Kerzenflamme sehen.

Am 14. Abend, dem Beginn einer Vollmondnacht, ist die letzte Karte, die Sie auslegen, der König der Münzen. Er hält Geld in der Hand, das er Ihnen darbietet.

Lassen Sie die Karten liegen und die Kerze in Ruhe niederbrennen.

Legen Sie am nächsten Morgen das Münzendeck auf den Tarotkartenstapel zurück. Bald sollte Geld hereinkommen!

Pferdehändler unter den Roma verwenden den Begriff »Glückspfennig«. Wenn sie einen Handel abschließen, geben sie dem Käufer eine Münze oder eine Banknote zurück, weil ihnen das Glück bringen soll.

Eine Woche voller Geldsegen

Zünden Sie an einem Sonntag eine goldene Kerze an, die von mehreren Haufen aus Kleingeld umgeben ist. Es ist wichtig, dass Sie das Geld nicht zählen. Wenn Sie es nicht vermeiden können, ein paar Münzen zu bemerken, bedecken Sie sie mit einem Taschentuch. Sagen Sie, während Sie in die Kerzenflamme blicken: »Danke für das Geld, das ich bereits von der unsichtbaren Welt erhalten habe.«

Lassen Sie die Kerze von selbst niederbrennen und verlöschen. Sammeln Sie das Kleingeld ein. Sie benötigen es noch für den Zauber am nächsten Abend.

Brennen Sie am Montag auf dieselbe Weise eine weiße Kerze ab, wobei Sie zusätzlich alle Münzen, die Sie im Laufe des Tages angesammelt haben, zu den um die Kerze angehäuften Münzen legen. Wiederholen Sie Ihren Dank für das Geld, das Sie bereits von der unsichtbaren Welt erhalten haben.

Verwenden Sie am Dienstag eine rosafarbene Kerze, und ergänzen Sie die angehäuften Münzen durch die, die dieser Tag Ihnen eingebracht hat. Sprechen Sie erneut die magischen Worte.

Führen Sie die gleiche Prozedur in den nächsten Tagen fort, wobei sie stets das am jeweiligen Tag zusammengekommene Kleingeld den bereits angehäuften Münzen hinzufügen. Verwenden Sie am Mittwoch eine rote Kerze, am Donnerstag eine grüne, am Freitag eine blaue und am Samstag erneut eine grüne.

Legen Sie Ihr im Laufe des Tages eingesammeltes Kleingeld beiseite, und heben Sie es für den Geldzauber auf. Je mehr Münzen Sie anhäufen, desto größer ist die Anziehungskraft. Natürlich können Sie Ihr Wechselgeld auch in Ihr Portemonnaie tun.

Wenn auf einer Tasse Tee Blasen schwimmen, ist das ein Omen für Geld.

Das Glücksrad ölen

Die folgenden alten Roma-Rezepte können zur Verstärkung der Schwingungen Ihres Zaubers eingesetzt werden. Sie dienen der Weihung von Kerzen, Münzen, Papier oder anderen in diesem Buch erwähnten Gegenständen. Die Ölmischungen sollten nicht auf die Haut aufgetragen werden.

Geldbringeröl

- 3 Tropfen Waldmajoranöl
- 2 Tropfen Zitronenöl
- 2 Tropfen Eukalyptusöl

Die Roma rollen Ihre Banknoten zusammen, statt sie flach aufzubewahren. Sie glauben, dass es Geld anzieht, wenn sie den äußeren Schein mit diesem Öl einreiben.

Glücksbringeröl

- 5 Tropfen Ylang-Ylang-Öl
- 3 Tropfen Muskateller-salbeiöl
- 5 Tropfen Geranienöl

Glücksbringeröl wird auf eine orangefarbene Kerze gerieben, die man dann in Ruhe abbrennen lässt. Es heißt, dass dies eine glückliche Wende der Ereignisse fördert.

Herbeirufungsöl

- 6 Tropfen Patchouliöl
- 8 Tropfen Myrrheöl
- 16 Tropfen Sandelholzöl

Das Herbeirufungsöl wird auf nicht gezählte Münzen getupft, die anschließend ins Licht des Vollmonds gelegt werden, um dadurch zum Ausdruck zu bringen, dass man Geld benötigt.

Überzeugungsöl

- 8 Tropfen Sandelholzöl
- 4 Tropfen Myrrheöl
- 2 Tropfen Zimtöl

Das Überzeugungsöl wird bekanntermaßen zum Fördern geschäftlicher Abschlüsse genutzt. Es wird auf eine Kerze gerieben, die in der Nacht vor einer Verhandlung angezündet wird. Man kann es auch zur Weihung des Geldes verwenden, das bei einer Überweisung fließt, um dadurch zu bewirken, dass es mit derselben Person auch künftig zu Geschäften kommt.

Glücksöl für Frauen

- 4 Tropfen Sandelholzöl
- 7 Tropfen Rosenöl
- 5 Tropfen Lavendelöl

Es wird erzählt, dass Roma-Frauen ihre Kleidung mit diesem Öl einreiben, um sicherzustellen, dass sie beim Straßenverkauf oder beim Wahrsagen erfolgreich sind. Das Glücksöl für Frauen wird auch zum Benetzen von Kerzen und Geld verwendet.

Kraftöl

- 5 Tropfen Weihrauchöl
- 2 Tropfen Zypressenöl
- 3 Tropfen Kriechwacholderöl

Dieses Öl wird allgemein benutzt, um jeglichen Zauber zu verstärken, ob es nun um Gesundheit, Wohlstand, Liebe oder Glück geht. Ein paar auf die Kleidung gegebene Tupfer helfen, in einer Situation zu gewinnen, in der man glaubt, schlechte Karten zu haben.

Zauber bei finanziellem Engpass

Die Roma sagen, dass der folgende Zauber Wunder wirkt, wenn man zu einem bestimmten Zeitpunkt dringend Geld braucht. Eins sollten Sie dabei beachten: Er muss um Mitternacht zur Geisterstunde durchgeführt werden.

Nehmen Sie für jede dringend benötigten 100 oder 1000 Euro eine weiße Opferkerze. Stellen Sie sie auf einen Teller, von dem Sie häufig essen.

Setzen Sie sich eine Viertelstunde vor Mitternacht in einen Raum ohne brennendes elektrisches Licht. Zünden Sie eine goldene oder silberne, grüne oder weiße Kerze an (keine von denen, die für Geld stehen). Diese Kerze wird den »Geld«-Opferkerzen Kraft und Ihnen genug Licht geben, um zu sehen, was Sie tun.

Jetzt können Sie mit Ihrem Zauber beginnen. Bitten Sie darum, dass sich ein Kreis aus blauem Licht der Heilung schützend um Sie legt. Nehmen Sie eine Opferkerze, und zünden Sie sie an der Flamme der Hauptkerze an. Sagen Sie, während Sie das tun, dass die Opferkerze, die Sie entzünden, für 100 oder 1000 benötigte Euro steht. Stellen Sie sie auf den Teller, und bauen Sie, falls nötig, schrittweise einen Kreis aus »Geldkerzen« auf. Zünden Sie dafür jede Opferkerze an der Hauptkerze an, und sagen Sie dabei jeweils die erwähnten Worte, bis der Kreis vollständig ist.

Sprechen Sie ein Gebet, in dem Sie darlegen, dass Sie nicht geldgierig sind, sondern das Geld wirklich benötigen. Lassen Sie die Kerzen in Ruhe abbrennen.

Das Geld sollte bald bei Ihnen eintreffen.

Eine Wette gewinnen

Zünden Sie sieben grüne Kerzen an, und sagen Sie:

Abrakadabra
Abrakadabr
Abrakadab
Abrakada
Abraka
Abrak
Abr
Ab
A

Sagen Sie das siebenmal, und löschen Sie die Kerzen. Tun Sie dies sieben Tage lang hintereinander. Wenn Sie nun eine Wette abschließen, steigt die Wahrscheinlichkeit, dass Sie gewinnen.

Lotterie spielen

Viele Roma lieben Glücksspiele, und sie raten, folgenden Zauber für Lotteriespiele einzusetzen: Zünden Sie eine grüne Kerze für jede Zahl an, die Sie auswählen müssen. Setzen Sie sich ruhig und entspannt hin, und beobachten Sie die Flammen. Ermöglichen Sie es jeder einzelnen Flamme reihum, eine Zahl vorzuschlagen.

Füllen Sie den Tippzettel entsprechend der Zahlen aus, die Ihnen in den Sinn gekommen sind. Streuen Sie Muskat auf den Tippzettel, und pusten Sie die Kerzen aus. Lassen Sie den mit Muskat bestäubten Zettel einen Tag lang liegen, bevor Sie ihn sorgfältig säubern.

Wenn Sie Geld fallen lassen und es jemand für Sie aufhebt und es Ihnen in die Hand gibt, dann ist das der Überlieferung zufolge ein Zeichen dafür, dass Sie weiteres Geld erhalten werden.

Wenn man ein Portemonnaie oder eine Brieftasche geschenkt bekommt, ohne dass sich darin eine Münze befindet, soll das einem als Empfänger des Geschenks Unglück bringen.

Die Chancen für ein Bewerbungsgespräch voraussagen

Obwohl die Roma von ihrer Geschichte und ihren Instinkten her Nomaden sind, wollen sie manchmal an einem Ort bleiben. Das heißt, dass Sie sich eine Arbeit suchen müssen, etwa auf einem Bauernhof, oder dass sie einen Laden für ihren Handel benötigen. Sie nutzen den folgenden Zauber, um vorherzusagen, ob sie ein Bewerbungsgespräch bekommen.

Nehmen Sie zwei Eicheln. Die eine repräsentiert Sie, die andere die Person, bei der Sie sich beworben haben oder bewerben wollen.

Legen Sie beide Eicheln in eine Schüssel mit Wasser. Wenn sie nebeneinanderschwimmen oder einander berühren, wird es zu einem Gespräch kommen. Wenn sie auseinandertreiben, gibt es kein Gespräch.

Einfacher Geldzauber

- Zünden Sie eine grüne Kerze an. Lassen Sie sie fünf Minuten lang brennen, dann pusten Sie sie aus. Reiben Sie sich die Hände in dem Rauch, und stellen Sie sich vor, dass Geld zu Ihnen kommt.
- Legen Sie in einer Neumondnacht eine Münze mit der Kopfseite nach oben auf ein Fensterbrett. Drehen Sie bei Vollmond die Münze mit der Zahlseite nach oben. Das soll Geldprobleme verringern. Um den Zauber abzuschließen, nehmen Sie die Münze dann in Übereinstimmung mit den Mondphasen bei dem nächsten Neu- oder Vollmond von der Fensterbank.
- Bei Neumond können Sie die Schleusen für Geld öffnen, indem Sie einen Spiralenzauber ausführen, der Ihnen Geld beschert:
  - Sammeln Sie so viele Münzen wie möglich. Zünden Sie eine grüne Kerze an, und stellen Sie sie auf die linke Tischseite. Schütten Sie sämtliche Münzen, die Sie zusammengebracht haben, auf die rechte Tischseite. Führen Sie die folgenden Schritte nur noch bei Kerzenlicht aus.

- Ordnen Sie die Münzen rechts von der Kerze in Form einer Spirale an, bis Sie kein Kleingeld mehr haben.
- Schreiben Sie auf ein reines weißes Blatt Papier mit grüner Tinte die Summe, die Sie benötigen, und den Grund dafür. Fügen Sie ans Ende Ihres Wunsches hinzu »Durch Gottes Gnade«, um sicherzustellen, dass das Geld durch einen Glücksfall zu Ihnen kommt.
- Legen Sie das Blatt mit Ihrem Wunsch rechts von den Münzen hin, und lassen Sie es dort liegen, bis die Kerze abgebrannt ist. Sammeln Sie die Münzen anschließend ein, um sie auszugeben oder zu behalten.
- Falten Sie das Blatt mit Ihrem Wunsch zusammen, und schieben Sie es in Ihr Portemonnaie oder Ihre Brieftasche, wo es bleiben sollte, bis sich Ihr Wunsch erfüllt hat.

Eine Stelle finden

Bevor Sie zu einem Bewerbungsgespräch gehen, brauchen Sie eine grüne Kerze, einen Geldschein und eine Büroklammer.

Zünden Sie die Kerze an, und zeigen Sie der Flamme beide Seiten der Banknote. Befestigen Sie den Geldschein mit der Büroklammer auf der Rückseite eines Fotos von Ihnen, und pusten Sie die Kerze aus.

Tragen Sie Ihr Foto mit der angehefteten Banknote während Ihres Bewerbungsgesprächs in Ihrer Handtasche oder Ihrem Portemonnaie bei sich.

Wenn man sieht, wie eine Spinne ihr Netz webt, ist das – vor allem, wenn sie das vor einem Fenster oder einer Tür tut – ein Omen für finanzielles Glück. Das Spinnennetz darf nicht entfernt werden, bevor das Geld nicht eingetroffen ist.

Weitere Möglichkeiten, Geld nach Hause zu bringen

Legen Sie bei Vollmond in aller Stille einen 10-, 20- oder 50-Euro-Schein unter die Fußmatte in Ihren vier Wänden. Er wird jedes Mal, wenn jemand auf die Matte tritt, mit positiver Energie aufgeladen. Je größer der Wert des Geldscheins ist, desto größer können Ihre Einnahmen sein. Entfernen Sie die Banknote erst bei Vollmond, sonst ziehen Sie unerwartete Ausgaben an.

- Pflanzen Sie Ringelblumen auf oder in einen goldfarbenen Gegenstand. Ob Sie sie in einen Topf, Kübel, Blumenkasten oder in Ihren Garten pflanzen: Die Ringelblumen sollten sich so dicht wie möglich an Ihrer Eingangstür befinden.
- Legen Sie in einer Neumondnacht so viele Geldscheine und Münzen, wie Sie auftreiben können, auf eine Fensterbank, auf die normalerweise das Mondlicht fällt. Widerstehen Sie der Versuchung, das Geld zu zählen, weil das Ihre Erwartungen begrenzt. Je größer der Betrag auf der Fenster-

bank ist, desto größer ist der finanzielle Zuwachs, den Sie erwarten können. Sprechen Sie folgende Worte:

O schöner Mond, bitte lass mit deinem Licht Wohlstand in mein Leben strahlen.

Ihr finanzielles Glück wird sich bei Vollmond zu regen beginnen und Zeichen seiner Verwirklichung zeigen. Um das Geld weiter strömen zu lassen, wiederholen Sie diesen Zauber beim nächsten Neumond, und zwar in der Phase, in der sich der erste Rand der Sichel zu zeigen beginnt.

Glück

Vom 15. Jahrhundert an, in dem die Roma nach England kamen, schützten sie sich durch eine positive Einstellung. Alles, was nicht gut war, lohnte ihrer Meinung nach keine weitere Überlegung. Stattdessen konzentrierten sie sich auf ihre Suche nach Glück und auf Glück verheißende Talismane.

Steinzauber

Ein Stein mit einem Loch gilt als Amulett zur Abwehr von Unheil. Man sollte eine Schnur durch das Loch ziehen und den Stein an oder über die Tür hängen, wo er als ein alles sehendes Auge fungiert.

Er kann auch als Wunschstein benutzt werden. Waschen Sie den Stein unter fließendem Wasser, um ihn zu reinigen. Schreiben Sie Ihren Wunsch mit Kreide oder einem Stift auf den Stein. Ihr Wunsch ist nun »in Stein gemeißelt«. Achten Sie darauf, Ihren Wunsch eindeutig und so zu formulieren, dass kein Raum für Fehlinterpretationen bleibt.

Blicken Sie bei Sonnenuntergang gen Westen. Graben Sie ein kleines Erdloch, und legen Sie den Stein hinein. Füllen Sie das Loch in dem Stein mit Jamaikapfeffer, und legen Sie ein Stück blaue Schnur, blauen Baumwollstoff oder blaues Band mit einem Knoten, der Ihren Wunsch repräsentiert, daneben. Besprenkeln Sie alles mit Wasser, und sprechen Sie Ihren Wunsch aus, während Sie das Ganze mit Erde bedecken.

Die alles verändernde Zeit wird Ihren Wunsch erfüllen. Zweifeln Sie nicht daran, und denken Sie auch nicht mehr über Ihren Wunsch nach, sobald Sie Ihren Stein vergraben haben.

Wunschzauber mit einem Hufeisen

Früher waren viele Roma Hufschmiede und nutzten bei ihrem Glückszauber eiserne Hufeisen. Auch heute noch gilt es als Glückszeichen, wenn man ein Hufeisen findet. Wenn man sogar ein Hufeisen mit Nägeln findet, wird das als besonders Glück verheißendes Vorzeichen interpretiert, wobei jeder Nagel ein Glücksjahr symbolisiert. Je mehr Nägel das Hufeisen aufweist, desto mehr Glücksjahre liegen also vor einem. (Andere glauben, dass jeder Nagel für ein Jahr steht, das der Finder noch bis zur eigenen Hochzeit warten muss.)

Bevor Sie einen Zauber mit einem verrosteten Hufeisen wirken, nehmen Sie eine Drahtbürste. Reinigen Sie das Hufeisen damit, sodass die Löcher offen und frei von Verunreinigungen sind. Zünden Sie dann in einem Raum, in dem kein elektrisches Licht brennt, eine rote Kerze an. Setzen Sie sich vor die Kerze, und schreiben Sie auf sieben kleine, viereckige Zettel sieben Wünsche auf. Die Farbe der Zettel richtet sich nach Ihren Wünschen.

Verwenden Sie ein grünes Blatt für einen finanziellen Wunsch, ein blaues für die Gesundheit, ein rosafarbenes für die Liebe, ein rotes für den Arbeitsplatz, ein purpurnes oder fliederfarbenes für Freundschaften, ein gelbes für spirituelle Belange, ein orangefarbenes für juristische Angelegenheiten, ein braunes für häusliche Dinge und ein weißes für Sonstiges. Achten Sie darauf, Ihre Wünsche klar und eindeutig zu formulieren, denn verschwommene Vorstellungen führen zu verschwommenen Ergebnissen.

Rollen Sie die Zettel eng zusammen, und stecken Sie sie in die einzelnen Löcher des Hufeisens. Listen Sie dafür zuvor Ihre Wünsche auf einem separaten Blatt Papier auf, wobei Sie sie von eins bis sieben durchnummerieren und von links nach rechts auf dem Hufeisen anordnen. Dadurch wissen Sie dann später, in welchem Loch des Hufeisens welcher spezielle Wunschzettel steckt. Pusten Sie anschließend die Kerze aus.

Legen Sie das Hufeisen und Ihre Liste in eine Schuhschachtel, und stellen Sie sie gut weg. Es ist zu diesem Zeitpunkt wichtig, dass Sie Ihre Wünsche vergessen. Legen Sie einen Termin in der Zukunft fest, an dem Sie sich Ihre Liste wieder ansehen und die Zettel entfernen, auf denen inzwischen in Erfüllung gegangene Wünsche stehen.

Ein an eine Tür oder über eine Tür genagel-
tes Hufeisen soll als schützendes Amulett
wirken. Es zieht das Glück an und wehrt
Unheil an der Türschwelle ab. Wenn man es
so befestigt, dass seine beiden Enden nach
oben zeigen, fängt es das Glück auf und
bewahrt es.

Erfolg haben

Hierbei handelt es sich um einen eindrucksvollen Zauber, der Sie an die Schwelle des Erfolgs transportiert. Sie können ihn auch vor einem wichtigen Treffen nutzen, um Ihre Kraft zu stärken.

Zünden Sie vor einem Spiegel eine blaue Kerze an. Setzen Sie sich vor den Spiegel, und schauen Sie sich auf der Suche nach Ihrer Seele selbst tief und intensiv in die Augen.

Bitten Sie darum, dass ein schützender Kreis aus goldenem Licht um Sie gelegt wird, außerdem ein heilender Kreis aus blauem Licht. Sagen Sie Ihren Vornamen (oder alle, falls Sie mehrere Vornamen haben) 21-mal.

Sprechen Sie nun Ihren Wunsch 21-mal aus.

Pusten Sie die Kerze aus, und warten Sie auf den Erfolg.

Sagen Sie jeden Morgen: »Heute wird ein Wunder geschehen.« Dadurch wird das Glück magnetisch angezogen und eine verstärkende Wirkung erzielt. Innerhalb kurzer Zeit werden Sie einen wunderbaren Anruf oder Brief erhalten oder jemandem begegnen, der Ihrem Leben eine positive Wendung geben wird.

Der Schlüssel zum Glück

Die Roma halten es für ein großes Glück, einen Schlüssel zu finden. Sie deuten das als Zeichen dafür, dass sich bald eine Tür zum Erfolg in der Liebe, in Sachen Eheschließung oder durch das Finden einer befriedigenden Arbeit öffnen wird oder man etwas ganz Konkretes bekommt, etwa ein neues Auto. In welcher Form auch immer: Das Glück ist einem sicher.

Halten Sie einen Schlüssel griffbereit, und zünden Sie eine weiße Kerze an. Zeichnen Sie die metaphorische Tür, die Sie mit dem Schlüssel öffnen wollen. Lassen Sie etwas Kerzenwachs auf die Tür tropfen, und legen Sie den Schlüssel in das Wachs, um beide miteinander zu verbinden.

Lassen Sie das Wachs erkalten. Falten Sie dann das Papier behutsam um den Schlüssel, sodass sich ein ordentlicher Umschlag oder ein kleines Päckchen bildet. Versiegeln Sie großzügig alle Ränder mit weiterem Wachs von der Kerze. Pusten Sie die Kerze aus.

Werfen Sie am Abend das Päckchen ins Feuer, und stellen Sie sich dabei so plastisch wie möglich die Tür vor, durch die Sie gehen. Lassen Sie Ihre Leidenschaft ins Feuer strömen, und senden Sie Ihren Wunsch gen Himmel. Der Zauber ist damit abgeschlossen.

Verweilen Sie nicht bei Ihrem Wunsch, weil ihn die Gedanken daran zurück auf die Erde ziehen und dem Zauber Energie rauben. Haben Sie Vertrauen. Glauben Sie an das Wunder, dann wird es auch geschehen.

Nadelzauber

Eine Nadel, die versehentlich fallen gelassen und dann in irgendetwas steckend gefunden wird, soll einen Besucher ankündigen, der noch vor Ende des Tages eintrifft. Die Nadel sollte aufgehoben und verwahrt werden. Dazu gibt es folgenden Spruch:

Finde eine Nadel, hebe sie auf,
und du hast Glück
in des gesamten Tages Lauf.

Um Ihr Glück über die Dauer eines Tages hinaus auszudehnen, werfen Sie die Nadel in eine Vase mit frischem Wasser und frischen Blumen. Das Wesen der Blumen wird das Glück in der Nadel energetisch aufladen, und Ihr Glück wird länger andauern als die Blumen.

Wenn die Blumen verwelken, entsorgen Sie sie wie sonst auch, gießen das Wasser weg und stecken die Nadel als Erinnerung an Ihr Glück in Ihr Nähetui.

Wahrsagen

Rosmarin-Weissagung

Mit einem Rosmarinzweig kann man eine Frage mit einem Ja oder einem Nein beantworten.

Stellen Sie die Frage zunächst siebenmal. Zupfen Sie dann ein Blatt von dem Zweig ab, und sagen Sie »Ja«. Pflücken Sie ein weiteres Blatt ab, und sagen Sie »Nein«. Fahren Sie im Wechsel zwischen ja und nein mit dem Abpflücken aller Blätter fort, bis der Zweig nackt ist. Das letzte Blatt, das Sie abpflücken, offenbart die Antwort.

Haar-Weissagung

Werfen Sie ein paar Haare ins Feuer. Es heißt, dass es ein Zeichen für ein langes Leben ist, wenn die Haare im Feuer heftig aufflammen. Wenn die Haare lediglich verglimmen, wird das als Zeichen für einen schlechten Gesundheitszustand gedeutet.

Um herauszufinden, ob eine Person gern flirtet, reißen Sie ihr ein einzelnes Haar aus. Nehmen Sie es dann zwischen Ihre Daumen und Zeigefinger, und dehnen Sie es. Je mehr es sich kräuselt, wenn Sie es wieder loslassen, desto flirtfreudiger ist die Person, von der es stammt.

Noch eine Überlieferung: Wenn sich einer Frau eine Haarnadel aus dem Haar löst, denkt jemand an sie.

Wasser-Weissagung

Roma-Kinder üben das Wahrsagen, indem sie Wasser und einen Stein nehmen, um die Antwort auf eine Frage zu erhalten.

Setzen Sie sich mit einem Stein in der Hand vor eine Schüssel mit Wasser, und stellen Sie eine Frage, die sich mit Ja oder Nein beantworten lässt. Werfen Sie den Stein ins Wasser, und zählen Sie sorgfältig die durch ihn hervorgerufenen Kräuselwellen. Eine gerade Zahl von Kräuselwellen bedeutet Ja, eine ungerade Zahl Nein.

Die Liebe der
Schwiegermutter gewinnen

Ob verheiratet oder nicht: Jeder ist glücklicher, wenn die Schwiegermutter des Partners einen liebt. Sie können Ihre Schwiegermutter für sich gewinnen, indem Sie Ihr Liebe senden.

Wählen Sie einen Freitagabend bei zunehmendem Mond. Nehmen Sie eine rosafarbene Kerze, und schreiben Sie rundum Ihren Wunsch darauf. Ihr Wunsch sollte von Herzen kommen. Er kann einfach gefasst sein, etwa: »[Name der Schwiegermutter], liebe mich.«

Nehmen Sie eine Stecknadel mit blauem Kopf für Heilung oder mit gelbem Kopf für Erkenntnis. Durchbohren Sie die Kerze zwischen dem Anfang und dem Ende Ihrer Botschaft mit der Stecknadel so, dass ihre Spitze auf der anderen Seite der Kerze herausragt.

Zünden Sie die Kerze an, und malen Sie sich aus, wie das Licht ihrer Flamme das Herz Ihrer Schwiegermutter erwärmt. Lassen Sie die Kerze von selbst

abbrennen und erlöschen, und bergen Sie die Stecknadel.

Nehmen Sie nun eine Tulpenzwiebel, weil man
sagt, dass Tulpen Zerwürfnisse heilen und Men-
schen wieder vereinen können. Bekräftigen Sie
Ihren Wunsch, während Sie die Stecknadel in die
Zwiebel drücken. Graben Sie die Tulpenzwiebel
nun in einen Blumentopf oder im Garten ein. Die
Liebe Ihrer Schwiegermutter zu Ihnen wird mit der
Tulpe wachsen.

Einen Gegenstand zurückbekommen

Im Folgenden finden Sie einfache Mittel, die Ihnen helfen, einen Gegenstand zurückzubekommen, den Ihnen jemand nicht zurückgegeben hat.

- Suchen Sie sich eine günstige Zeit am Tag aus, zu der Sie die Möglichkeit haben, sich fünf Minuten lang ungestört hinzusetzen. Konzentrieren Sie sich darauf, dass Sie den Gegenstand zurückhaben wollen. Wenn Sie ruhig sitzen und sich den Gegenstand in Ihr Leben zurückwünschen, wird sich die Person, die ihn einfach einbehalten hat, zunehmend unbehaglich fühlen und ihn Ihnen schließlich zurückbringen.

- Eine weitere Methode besteht darin, einen eisernen Nagel auf ein Fensterbrett zu legen. Das Fenster sollte in die Himmelsrichtung zeigen, in der die Person, die den Gegenstand einbehalten hat, wohnt. Sobald sie Ihnen den Gegenstand zurückgegeben hat, vergraben Sie den Nagel oder legen ihn in Ihren Werkzeugkasten zurück.

- Noch ein Mittel der Roma besteht darin, eine Rose neben ein Objekt zu legen, das dem fehlenden ähnelt. Die durch die Rose symbolisierte Liebe wird an das Gewissen des oder der Betreffenden rühren, und der Gegenstand wird zurückgegeben.

Geburtstagszauber

Es soll Unglück bringen, an seinem Geburtstag zu weinen. Wenn man das tut, so heißt es, weint man das gesamte Jahr hindurch.

Traditionellerweise wünscht man sich durch das Auspusten von Kerzen auf einem Geburtstagskuchen alles Gute, aber Sie können auch mit Blumen ein glückliches nächstes Jahr herbeizaubern.

Schreiben Sie Ihren Geburtstagswunsch auf ein Blatt Papier, und legen Sie es unter eine Vase mit Blumen. Oder pflanzen Sie, während Sie an Ihren Wunsch denken, einen Samen oder eine Blumenzwiebel. Die Verwirklichung Ihres Wunsches wird sich mit der Pflanze entwickeln.

Es bringt Unglück, ein Messer zu finden. Der Finder sollte es nicht aufheben.

Wenn man ein Messer fallen lässt, kündigt das einen männlichen Besuch an. Lässt man einen Löffel fallen, bekommt man Besuch von einer Frau. Eine fallen gelassene Gabel zeigt an, dass ein Dummkopf naht.

Die Zustimmung von jemandem erwerben

Zünden Sie an einem Freitagabend eine rosafarbene Kerze (für Liebe) und eine blaue Kerze (für Heilung) an. Sprechen Sie nun folgende Zauberformel:

Bitte, [Name], denk noch einmal nach;
möge das Ergebnis heilen mein Ach.
Erfüll mir meinen Wunsch,
dann hast du erreicht,
dass durch deine Güte
ich bin frei und leicht.
Gott segne dich.

Pusten Sie die Kerzen aus, nachdem Sie Ihren Zauber gewirkt haben.

Wenn man einen alten Schlüssel findet, so hat das etwas Magisches. Es heißt, der Finder werde spirituelle Mysterien erleben und prophetische Träume haben. Außerdem werde er zu einem Kommunikationskanal zwischen Himmel und Erde. Aber wenn man einen Schlüssel abbricht, wird das als unheilvolles Omen betrachtet, weil es das Zerbrechen einer Beziehung voraussagen soll.

Sein Schicksal positiv beeinflussen

Es wird gesagt, man könne sein Schicksal zu seinen Gunsten beeinflussen, wenn man sein persönliches magisches Wort kenne. Um herauszufinden, wie es lautet, nehmen Sie ein Wörterbuch, zünden eine weiße Kerze an und setzen sich mit dem Gesicht nach Süden hin.

Schließen Sie die Augen, und drehen Sie das Wörterbuch mehrere Male herum, sodass Sie schließlich nicht wissen, welche Seite nach oben zeigt. Blättern Sie mit geschlossenen Augen in dem Buch, bis Ihnen Ihr Gefühl gebietet, an einer bestimmten Seite innezuhalten.

Lassen Sie Ihren Zeigefinger mit geschlossenen Augen über die Seite wandern, bis Sie den Wunsch verspüren innezuhalten. Öffnen Sie die Augen, und blicken Sie auf das Wort unter Ihrem Finger. Wenn sich mehr als ein Wort unter Ihrem Finger befindet, wählen Sie das erste, das Ihnen ins Auge springt. Das ist Ihr magisches Wort.

Sie können an Ihr magisches Wort denken oder es aussprechen, sobald Sie sich auf eine Situation einstellen wollen oder einen Energieschub benötigen. Es wird die Sie umgebende Schwingung verändern und positive Kräfte anziehen.

Zu seinem Recht kommen

Wenn Ihnen juristisch Unrecht widerfahren ist, sprechen Sie den folgenden Zauberspruch, und Sie werden zu Ihrem Recht kommen.

Ziehen Sie aus einem Satz Tarotkarten die Karte »Gerechtigkeit«. Zünden Sie eine blaue Kerze an, und legen Sie die Gerechtigkeitskarte rechts von der Kerze auf den Tisch. Nehmen Sie ein unbenutztes Blatt weißes oder grünes Papier, schreiben Sie Ihren Namen und Ihre Adresse darauf, und legen Sie es links von der Kerze ab. Die Roma verwenden manchmal ihren Daumenabdruck anstelle ihres Namens und ihrer Adresse.

Zünden Sie 13 Opferkerzen an, die für die 13 Mondphasen eines Jahres stehen, und stellen Sie sie in einen Kreis rund um die blaue Kerze mit dem Blatt und der Karte.

Sprechen Sie ein Gebet, in dem Sie darum bitten, dass sich ein Schutzring um Sie und Ihre Familie legen möge.

Schreiben Sie nun auf ein neues Blatt Papier, was Sie sich hinsichtlich der juristischen Angelegenheit wünschen. Besprenkeln Sie das Blatt mit Rosenöl, und verbrennen Sie es in der Flamme der blauen Kerze. Legen Sie das brennende Papier auf einen Unterteller, und warten Sie, bis es zu Asche verbrannt ist. Lassen Sie die Kerzen von selbst niederbrennen, dann wird sich Ihr Wunsch erfüllen.

Unglück beseitigen

Nach Aussage der Roma ist es nicht schwer, sich oder jemanden, an dem einem etwas liegt, von einer Pechsträhne oder aus einer unglücklichen Situation zu befreien.

Nehmen Sie drei kleine Krüge, neun Knoblauchzehen und einige Dornen von einer weißen Rose. Drücken Sie die Dornen in die Knoblauchzehen, und legen Sie in jeden Krug drei davon.

Anschließend sollten Sie jeden Krug in Sichtweite einer Kirchentür begraben, während Sie das Vaterunser aufsagen.

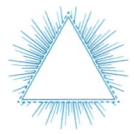

Einen Wunsch wahr werden lassen

Schreiben Sie Ihren Wunsch an einem Neumondtag auf ein sauberes Blatt Papier, und zünden Sie dann eine neue weiße Opferkerze an. Schalten Sie jegliches künstliches Licht aus.

Genießen Sie zehn Minuten lang das Leuchten der Flamme, und denken Sie über die Erfüllung Ihres Wunsches nach. Sagen Sie dann: »Möge die göttliche Kraft der spirituellen Liebe und des Lichts die Erfüllung meines Wunsches gewähren, während ich heute Nacht schlafe.«

Verbrennen Sie das Blatt Papier in der Kerzenflamme, während Sie sich auf Ihren Wunsch konzentrieren. Lassen Sie die Opferkerze niederbrennen.

Wiederholen Sie an zwölf aufeinanderfolgenden Abenden zur gleichen Zeit diesen Zauber. Wenn Sie einen Abend ausgelassen haben, müssen Sie den Zauber wieder ganz von vorn beginnen.

Hier ist noch eine andere Möglichkeit, Ihren Wunsch Wirklichkeit werden zu lassen: Schreiben

Sie Ihren Wunsch an einem Neumondabend auf ein Lorbeerblatt. Gehen Sie dann mit dem Lorbeerblatt einfach nach draußen, und blicken Sie zum Mond hinauf. Küssen Sie nun das Blatt dreimal, und legen Sie es sich vor dem Schlafen unter Ihr Kopfkissen.

Da der Lorbeerbaum von der Sonne gesteuert und vom Zeichen des Löwen beherrscht wird, ist dieser Zauber besonders wirkungsvoll, wenn die Sonne im Löwen steht, was zwischen dem 23. Juli und dem 22. August der Fall ist.

Wünschen Sie sich an jedem beliebigen Abend im Jahr etwas, sobald Sie den ersten Stern am Nachthimmel sehen. Ihr Wunsch wird in Erfüllung gehen, wenn kurz darauf ein zweiter Stern erscheint.

Trautes Heim, Glück allein

So wie die Roma ihre *vardos* segneten und schützten, können auch Sie Ihr neues Zuhause segnen und vor Einbrüchen und Feuer schützen.

- Verstreuen Sie Salz um den Gartenzaun oder pflanzen Sie Knoblauch an der Grundstücksgrenze.
- Sie können auch beten, dass ein schützender Kreis aus goldenem Licht und ein heilender Kreis aus blauem Licht um Ihr Zuhause gelegt wird.
- Störende Nachbarn, welche die Harmonie in Ihrem Zuhause trüben, können recht einfach gebändigt werden. Legen Sie kleine Handspiegel auf die Fensterbänke, die in Richtung von deren Haus oder Wohnung liegen. Wenn Sie sagen »Zurück zum Absender«, strahlen die Spiegel alles zu Ihren Nachbarn zurück, was diese Ihnen senden. Wenn Sie das ohne Wut tun, werden Ihre Nachbarn auf Ihren Einfluss reagieren, ohne zu erkennen, warum sie das tun.

Wetterzauber

Sie brauchen nicht die Finger kreuzen und auf gutes Wetter hoffen. Die Roma sagen, dass man jederzeit Sonnenschein herbeizaubern kann, wenn man das will.

Zünden Sie eine goldene Kerze an. Zeichnen Sie eine handgroße Karte von dem Gebiet, in dem Sie die Sonne scheinen lassen wollen. Bewegen Sie die Karte dreimal im Uhrzeigersinn kreisförmig um die Flamme, und stellen Sie sich dabei vor, dass die Flamme die Sonne ist. Verbrennen Sie anschließend die Karte in der Flamme, während Sie Ihren Wunsch aussprechen. Sie können beispielsweise sagen:

Schönes Wetter wünsch ich mir,
möge die Sonne scheinen hier.
Die Wolken sind nun alle fort,
heute herrscht nur Sonne an diesem Ort.

Auf diese Weise sorgen Sie dafür, dass den gesamten Tag hindurch strahlender Sonnenschein herrscht.

Um Wind aufkommen zu lassen, der Ihre Wäsche trocknet, stellen Sie sich mit dem Rücken zur Windrichtung, und atmen Sie in Richtung der Wäsche aus. Um den Wind abzuschwächen, atmen Sie tief ein, und blasen Sie die Luft in Windrichtung.

Wenn Sie sich Regen wünschen, können Sie mit einem Haselnussstock auf das Wasser eines Teiches schlagen. Angeblich soll diese als Wasserhexerei bekannte Technik einen Regenschauer heraufbeschwören.

Eine Pechsträhne beenden

Machen Sie einen Spaziergang, und sammeln Sie unterwegs sieben dünne Zweige vom Boden auf, von denen jeder je einen Wochentag repräsentiert. Nach der Überlieferung sollte man einen Eschenzweig für den Montag nehmen, einen Buchenzweig für den Dienstag, einen Ulmenzweig für den Mittwoch, einen Eichenzweig für den Donnerstag, einen Rosskastanienzweig für den Freitag, einen Eibenzweig für den Samstag und einen Holunderzweig für den Sonntag.

Nehmen Sie die Zweige mit nach Hause, schneiden Sie sie klein und verbrennen Sie sie im Herd oder in einem Lagerfeuer. Sagen Sie dazu:

Das Unglück wird zerbrochen,
während diese Worte werden gesprochen.

Wenn zwei Menschen zufällig dieselben Worte in genau demselben Augenblick sprechen, sollten sie ihre Finger ineinander verhaken und jeder für sich einen Wunsch äußern. Angeblich werden diese Wünsche wahr.

Geschwisterliebe

Um die Kinder in einer Familie enger zusammenzubringen und sie von Streitereien abzuhalten, schöpfen Sie Wasser aus einem Bach oder Fluss. Bringen Sie es auf einem Feuer aus frischen Zweigen zum Kochen. Nehmen Sie für jedes Kind ein Lorbeerblatt, und schreiben Sie den Namen des jeweiligen Kindes darauf. Werfen Sie die beschrifteten Lorbeerblätter in das Wasser, und lassen Sie sie darin köcheln. Bitten Sie Venus, die Kinder zu segnen.

Nehmen Sie eine rosafarbene Kerze, und ritzen Sie mit einer Stecknadel die Namen der Kinder hinein. Entzünden Sie dann die Kerze, sodass ihre Flamme mit ihrem flackernden Licht den Zauber erhellt.

Nun nehmen Sie ein rosafarbenes, ein blaues und ein grünes Band. Verflechten Sie sie miteinander, verknoten Sie die Enden und machen Sie einen Knoten in der Mitte. Der erste Knoten steht für Willen, der zweite für Weisheit und der dritte für Tätigkeiten.

Nehmen Sie den Topf vom Feuer, und lassen Sie ihn abkühlen. Nehmen Sie die Lorbeerblätter heraus. Lassen Sie Kerze und Feuer niederbrennen.

Vergraben Sie die miteinander verflochtenen Bänder im Garten oder in einem unbenutzten Blumentopf unter den Lorbeerblättern. Streuen Sie etwas von der Asche des Feuers darüber, und pflanzen Sie dann einen Rosenbusch oder eine Miniaturrose auf alles. (Die Rose ist ein wirksamer Bestandteil jedes Liebestranks.)

Mit dem Wachstum der Rose wird auch die Bindung zwischen den Kindern stärker. Dieser Zauber soll ebenfalls wirken, wenn Kinder aus zwei Ehen zusammengebracht werden.

Unerwünschten Besuch abschrecken

Um zu verhindern, dass ein nicht willkommener Besuch bei Ihnen auftaucht, benötigen Sie etwas Salz. Sofort nachdem der Besuch gegangen ist, streuen Sie an der Stelle, an der er sich verabschiedet hat, Salz auf den Boden. Salz ist ein Mittel zur Reinigung und zum Schutz vor bösen Kräften.

Ein Problem auflösen

Schreiben Sie Ihr Problem auf die Sohle eines alten Schuhs. Ziehen Sie den Schuh an, stampfen Sie dreimal auf das Problem auf, ziehen Sie den Schuh wieder aus und werfen Sie ihn in ein Feuer.

Eine weitere Möglichkeit besteht darin, dass Sie Ihr Problem auf ein Blatt Papier schreiben. Graben Sie anschließend ein Loch, und begraben Sie das Blatt zusammen mit einem Stück Kupfer, einem Stück Eisen und etwas Zink.

Am einfachsten ist es jedoch, wenn Sie Ihr Problem auf ein Blatt Papier schreiben und es ins Feuer werfen.

Für ein Leben voller Sonnenschein

Das Echte Johanniskraut, eine Heilpflanze mit goldgelben Blüten, die nach Terpentin riechen, gilt als Symbol für die Sonne.

Zünden Sie eine orangefarbene Kerze an, und legen Sie ein Bündel Echtes Johanniskraut daneben. Äußern Sie einen Wunsch, und hängen Sie das Bündel Johanniskraut über die Eingangstür Ihres Hauses oder Ihrer Wohnung. Lassen Sie die Kerze von selbst abbrennen und erlöschen. Dadurch wird sich Ihr Wunsch erfüllen, und zugleich wird alles Böse abgewehrt.

Unglück zu Hause kann vermieden werden, indem man Decken nie bei zunehmendem Mond wäscht. Dazu gibt es auch folgendes Sprichwort: »Wäschst du Decken im Mai, ist's mit der Liebe bald vorbei.«

Spezielle Zaubertermine

Der erste Tag im Monat

Der erste Tag jedes Monats bietet neue Hoffnung und einen Neuanfang. Eine Beschwörung des Glücks besteht darin, am ersten Tag eines Monats vor jedem anderen Wort das Wort »Hasen« auszusprechen.

Manche sagen auch als letzte Worte am Vorabend des neuen Monats dreimal »weiße Hasen«. Beim Aufwachen sagen sie dann dreimal »Hasen«, um sicherzustellen, dass der Monat mit Glück gesegnet ist.

Valentinstag: 14. Februar

Um diese Zeit beginnt bei vielen Vogelarten die Paarung. Die Roma sagen, dass Ledige, wenn sie am Valentinstag ein Lorbeerblatt unter ihr Kissen legen, von der Person träumen, die sie heiraten werden.

Das Fest der drei Marien: 25. Mai

Die angeblich als Dienerin der drei Marien aus Ägypten nach Südfrankreich gekommene Schwarze Sara ist die Schutzheilige der Sinti und Roma. Am Abend des 24. Mai und während des 25. Mai feiern die Roma die Elemente Feuer und Wasser. Aus von den Männern gesammeltem Holz bauen die Roma-Frauen ein stattliches Lagerfeuer. Sie bereiten ein großes Festgelage zu, und alle versammeln sich um das Feuer, wo sie Geschenke austauschen und gut essen und trinken. Am 24. Mai unternehmen viele Roma auch eine Wallfahrt, um dem jährlichen Gottesdienst am Schrein der heiligen Sara in der Krypta der Kirche von Saintes-Maries-de-la-Mer beizuwohnen. Dann tragen sie die Statue der Heiligen Sara ins Meer (über das sie gekommen ist) und wieder an Land.

Abend der Mittsommernacht:
21. Juni

Um Ihr Glück zu fördern, nehmen Sie am Abend der Mittsommernacht eine die Sonne repräsentierende Orange oder eine den Mond symbolisierende Zitrone. Drücken Sie Nelken (die für braune Holznägel stehen) in die Schale der Frucht. Die Nelken lassen jedes Unglück, das Sie möglicherweise im vergangenen halben Jahr heimgesucht hat, verschwinden, und sorgen dafür, dass jedes Unheil in der zweiten Jahreshälfte von Ihnen fernbleibt.

Um einen Liebespartner zur Rückkehr zu bewegen, pflücken Sie am Abend der Mittsommernacht fünf Rosen. Begraben Sie eine davon um Mitternacht unter einer Eibe. Legen Sie die zweite vor eine Kirchentür, die dritte mit der Blüte in Richtung Ihres Zuhauses auf eine Kreuzung, die vierte an ein fließendes Gewässer und die fünfte drei Nächte lang unter Ihr Kopfkissen, bevor Sie sie begraben.

Das Fest des heiligen Swithin: 15. Juli

Wenn es am Tag von St. Swithin regnet, so glauben die Roma, folgen 40 weitere Regentage.

Halloween: 31. Oktober

Um herauszufinden, welcher von Ihren Verehrern am ehesten als Ehekandidat infrage kommt, nehmen Sie in der Halloweennacht für jeden Ihrer Verehrer einen Holzapfel. Ritzen Sie in die Schale der einzelnen Holzäpfel die Initialen je eines Kandidaten. Legen Sie die Äpfel für ungefähr ein Jahr in eine Schachtel, und lassen Sie sie dort ungestört bis zum Old Michaelmas Day (11. Oktober) liegen. Die Initialen mit der perfektesten Form offenbaren die Antwort.

Eine weitere Methode besteht darin, so viele Haselnüsse zu nehmen, wie mögliche Ehekandidaten vorhanden sind, und jede mit den Initialen eines der Verehrer zu beschriften. Dann werden die Nüsse im gleichen Abstand an den Rand eines Feuers gelegt. Die Nuss, die am lautesten platzt und am hellsten verbrennt, verrät den wahrscheinlichsten Ehepartner.

Weihnachten: 25. Dezember

Heutzutage fertigen und verkaufen manche Roma Weihnachtskränze. Für die Weihnachtszeit pachten sie ein Stück Wald, um dort immergrüne Pflanzen zu schneiden. Die Roma glauben, dass ein Weihnachtskranz, damit er die häusliche Harmonie fördern kann, stets sowohl stachlige als auch glatte immergrüne Zweige enthalten muss. Ein Kranz, der beispielsweise nur aus Stechpalmen besteht, gilt als Omen, dass der Mann im neuen Jahr das alleinige Regiment ergreift.

Silvester: 31. Dezember

Um vorherzusagen, ob Sie im neuen Jahr heiraten werden, werfen Sie einen Schuh oder Stiefel auf die Äste einer Weide. Bleibt er in den Ästen hängen, lautet die Antwort ja. Sie dürfen den Schuh nicht häufiger als neunmal werfen, weil die Neun beim Zaubern den Abschluss symbolisiert.

Neujahrsmond

Ein beim ersten Neumond im neuen Jahr ausgesprochener Wunsch geht angeblich in Erfüllung. Es ist ein besonders Glück verheißendes Zeichen, wenn sich der Neumond auf Ihrer rechten Seite befindet.

Auch dem ersten Vollmond im Jahr werden wunscherfüllende Kräfte nachgesagt. Der Wunsch soll wahr werden, bevor das Jahr zu Ende gegangen ist. Außerdem gilt die Zeit des ersten Vollmonds im Jahr als mystische Phase, in der man auf rätselhafte Weise das Gesicht seines künftigen Partners in einem Teich sehen kann, in dem sich der Mond spiegelt.

Nachwort

Wir verlassen nun die Roma an ihrem Lagerfeuer, wo sie wissen, dass sich eine Überraschung anbahnt, wenn ein Funke fortfliegt. Diese Freunde des Mondlichts und der Magie, des Aberglaubens und des Wahrsagens sind eins mit den in jeder Flamme, jedem Baum, jeder Brise und jedem Stein lebenden Geistern. Während sie rund um ihr Lagerfeuer sitzen, winken ihnen Liebesabenteuer und Hoffnungen auf eine goldene Zukunft zu, und wie seit Jahrhunderten erzählen die Älteren den Jungen von ihren uralten Traditionen und den Zaubertechniken, die ihnen Liebe, Gesundheit, Wohlstand und Glück einbringen können.

Ein letzter Zauberspruch

Ein flackerndes Feuer kann selbst den abgebrühtesten Zyniker verzaubern. Veranstalten Sie darum einmal in einer lauen Sommernacht bei Vollmond eine von den Roma inspirierte Feuerscheinparty. Ein schönes Lagerfeuer wäre ideal, aber wenn man etwas Fantasie hat, reicht sogar ein brutzelnder Grill.

Stellen Sie in einer dunklen Ecke des Gartens einen durch Kerzen erleuchteten Tisch für die örtliche Wahrsagerin auf. Suchen Sie in Ihrem Freundes- und Bekanntenkreis nach einem Geiger, der improvisierend die aufregende, leidenschaftliche, romantische Zigeunermusik fiedeln kann. (Sie können auch schummeln, indem Sie ein paar Aufnahmen von Zigeunermusik kaufen und das Abspielgerät hinter einem Busch verstecken, aus dem die Musik dann ertönt. Bei den wilden Tänzen, zu denen die Musik animiert, wird sich niemand darüber beklagen.)

Während das Feuer leuchtet und flackert, servieren Sie ein oder zwei Gläser von einem schweren Rotwein, etwa einem aus Ungarn, und schon haben

Sie alle mit Roma-Romantik verzaubert. Wie die Roma zu sagen pflegen: »Der wahre Weg zur Weisheit besteht im Sehen, Hören und Erinnern.«

Über die Autorin

Gillian Kemp ist eine international anerkannte Bestsellerautorin. Sie hat elf Bücher in 15 Ländern veröffentlicht. Gillian ist bereits ihr ganzes Leben lang hellseherisch, und glaubt aus tiefstem Herzen daran, dass »alle Frauen Hexen sind, weil sie über die weibliche Intuition verfügen«. Sie legt Tarotkarten, liest aus Teeblättern und der Kristallkugel und betreibt die Handlesekunst. Sie ist auf Firmenveranstaltungen tätig, arbeitet mit Privatkunden, gibt regelmäßig Radiointerviews und schreibt Beiträge für die *Daily Mail Online*. Weitere Informationen über die Autorin gibt es auf ihrer Website www.GillianKemp.com.